新时代高校“三全育人”理论与实践创新研究

苏基协　著

西北工业大学出版社

西　安

【内容简介】 本书内容包括引言、新时代高校“三全育人”的指导思想、新时代高校“三全育人”的环境研究、新时代高校“三全育人”体系构建及机制研究、新时代高校“三全育人”的载体和方法研究以及新时代高校“三全育人”的实践探索与创新发展研究等6章。

本书可作为相关专业以及从事相关职业的人员参考。

图书在版编目（CIP）数据

新时代高校“三全育人”理论与实践创新研究 / 苏基协著. —西安：西北工业大学出版社，2021.5（2025.1 重印）
ISBN 978-7-5612-7733-1

Ⅰ. ①新… Ⅱ. ①苏… Ⅲ. ①高等学校—思想政治教育—研究—中国 Ⅳ. ①G641

中国版本图书馆 CIP 数据核字(2021)第 102665 号

XINSHIDAI GAOXIAO “SANQUAN YUREN” LILUN YU SHIJIAN CHUANGXIN YANJIU
新时代高校“三全育人”理论与实践创新研究

责任编辑：付高明
责任校对：李 萌
出版发行：西北工业大学出版社
通信地址：西安市友谊西路 127 号 邮编：710072
电 话：（029）88493844 88491757
网 址：www.nwpup.com
印 刷 者：北京市兴怀印刷厂
开 本：710 mm×1 000 mm 1/16
印 张：12
字 数：250 千字
版 次：2022 年 1 月第 1 版 2025 年 1 月第 2 次印刷
定 价：79.00 元

前　言

习近平总书记在全国高校思想政治工作会议上强调，新时代高校思想政治工作的改革创新，必须要遵循思想政治工作规律，遵循教书育人规律，遵循学生成长规律，不断提高工作能力和水平。中共教育部党组印发的《高校思想政治工作质量提升工程实施纲要》详细规划了课程育人、科研育人、实践育人、文化育人、网络育人、心理育人、管理育人、服务育人、资助育人、组织育人“十大育人”体系的实施内容、载体、路径和方法，为各校进一步提升高校思想政治工作质量，构建一体化育人模式提供了有力指引。

培养社会主义建设者和接班人是中国共产党的教育方针，是我国各级、各类学校的共同使命。立德树人是高校立身之本。人才培养是育人和育才相统一的过程，育人的根本在于立德。这就要求高校必须将构建思想政治工作体系摆在重要位置，把它作为高水平人才培养体系的基础和主干，坚持全员、全过程、全方位育人，把思想价值引领贯穿教育教学的全过程和各环节。

党的十九大从新时代坚持和发展中国特色社会主义的战略高度，做出了优先发展教育事业、加快教育现代化、建设教育强国的重大部署。作为教育事业的重要组成部分，高校在坚持立德树人，推进教育改革方面责任重大。因此，以人为本、以学生为本，努力构建“三全育人”大格局，无疑具有重大的意义和深远的影响。

著　者

前　言

目　录

第一部分　新时代高校“三全育人”研究的理论基础

第一章　引　　言

第一节　新时代高校“三全育人”概述

“三全育人”是指全员育人、全程育人、全方位育人。只有理解了其丰富内涵，把握了其构成要素，了解了其基本特征，才能够掌握其规律，推动其落实。

一、“三全育人”的内涵

“三全育人”是一种教育理念，也是一个全面系统的指导思想，是“大思政”格局形成的标志。从广义的角度理解，“三全育人”并不局限于德育教育的范畴，而是涉及育人的方方面面；空间的角度对高校思想政治教育进行考量。

（一）全员育人的内涵

所谓“全员育人”，即教书育人、管理育人、服务育人，是指学校的教师、干部、职工为了实现育人的目标，在从事自己本职工作的过程中，以一定的形式对学生进行直接或间接的教育过程。教书育人、管理育人、服务育人体现了系统育人的思想，体现了在时间和形式上的有机统一。

（二）全程育人的内涵

全程育人主要是从育人的时间性来讲，强调把育人贯穿大学生学习、成长的全过程，是思想政治教育工作持续性和全程性的体现。大学生从入校到毕业，不同时间不同阶段呈现出不同的特点，且有其自然的身心发展规律，我们应当据此有针对性地制定不同阶段思想政治教育工作侧重点，不断提高大学生思想政治教育工作的针对性，促进大学生思想政治教育工作的开展。

（三）全方位育人的内涵

全方位育人侧重于空间的角度，强调育人多维空间的不断拓展，其目的是实现立体化育人。高校在育人过程中，应当将各个方面和各个环节衔接起来，不断拓宽育人渠道，将显性教育与隐性教育结合起来，将“有形的手”和“无形的手”结合起来，将思想政治教育渗透到教育教学及学生学习生活的各个方面和各个环节，达到春风化雨、润物无声的效果，从而有效促进大学生健康成长和全面发展。

二、“三全育人”的构成要素

“三全育人”以“育人”为核心，根据学生身心发展特点以及思想政治教育的规律，按照时间和空间两个维度，构成了一个点面结合、时空相连、立体完整的德育模式。

（一）构成要素

“三全育人”的教育理念是一个由相互作用、相互联系的三大要素构成的整体，具体来说，包括以下几个方面。

1. 人员

人员，主要针对育人主体而言，侧重于人员力量的调配，动员所有可以动员的力量参与育人工作，也即全员参与育人。学校的全体教职员工都应该承担起育人的责任，教书育人、管理育人、服务育人、科研育人、实践育人等，无论是在哪个岗位承担何种职能，都应充分发挥育人的作用。在传统的教育理念中，育人仅仅局限于教师，德育教育也只是思政教师的工作，而在“三全育人”的模式下，育人的主体明显扩大了，不仅是范围上的扩大，从单纯的教师到全体教职员工，而且育人的职责也有所延伸和拓展，在注重传授文化知识的同时，更加重视对学生德育素质的培养。

2. 时间

时间，主要针对育人过程而言，即全过程育人。育人是一项系统而长期的工作，绝非一朝一夕之事，应当坚持以学生为本，一切从学生的实际需要出发，将大学生成才作为工作的出发点和落脚点，将德育教育贯穿学生成长成才的全过程，实现全程育人。

同时，还要根据学生的身心发展规律以及在不同阶段的特点，实施不同的教育，抓好学生成长的关键点。比如对于普通高校来说，实施“四阶段教育法”，即大一抓适应性教育，大二抓目标的确立，大三抓科研创新，大四抓成才观。对于高职院校来说，大一主抓人学教育和养成教育，大二主抓法律法规和职业素质教育，大三主抓职业规划和毕业生文明离校教育。

3. 空间

空间，主要从育人的角度而言，即全方位实施育人。我国教育事业的理论基石即人的全面发展理论，这也是教育最终追求的目标。为了更好地实现促进大学生全面发展这个目标，高校应当竭尽全力从不同角度、利用不同空间、通过各种手段开展全方位的教育，在使大学生掌握好专业课知识的同时，积极培养其良好的道德品质，树立正确的世界观、人生观、价值观，促进大学生的综合素质全面提升。

（二）各组成要素之间的关系

“三全育人”是一个有机统一的系统，全员育人、全程育人和全方位育人作为该系统的三大组成部分，既相互联系、密不可分，又有所区别、各自侧重。

1. 联系

全员育人、全程育人和全方位育人相互联系、缺一不可。三者从不同的维度展开，构成一个有机、完整的整体，缺少任何一个，都不完整，难以支撑。全员育人、全程育人、全面育人作为一个整体，必须整体推进，它以全员参与育人为前提，全程育人实施为载体，全面多维育人为重点，将育人工作分解到各环节，落实到各部门，贯彻于各项活动、各个环节的始终，成为各部门和全体教工的基本职责和重要工作。

2. 区别

全员育人主要从育人主体上界定，其教书育人、管理育人、服务育人、环境育人构成有机统一的整体，基本上涵盖了学生学习成长的全过程，对学生全面发展起到十分关键和重要的作用。如果偏废任何一个方面，都会阻碍学生的全面发展，影响高校育人质量。教书育人、管理育人、服务育人、环境育人四者本身具有功能的双重性，即“教”与“育”,“管”与“育”,“服”与“育”,“环”与“育”都具有育人的职能。在学校的工作中，我们要让教书育人、管理育人、服务育人、环境育人形成良性互动，打造成有机统一的整体，学生成长成才才有坚实保障。

全程育人主要从时间上进行界定，可以从两个方面来理解，一是强调学校思想政治教育在时间上的延续，贯穿学生学习生活成长的全过程；二是对待不同年龄的学生，育人要有侧重，要有针对性地制定育人工作的重点，提高教育效果。人的身心发展具有连续性与阶段性的特点，思想品德的形成不是一跳而就，而是一个长期的潜移默化的过程，通过日常的生活学习，内化于心、外化于行。思想政治教育工作是一项连续性很强的工作，应当遵循学生身心发展的规律，根据学生不同阶段的心理特点及需要，采取相应的方式方法，有针对性地开展思想政治教育工作，不断增强育人实效性。

全方位育人主要从育人的空间展开，我们也可从两个方面理解，一是要实现立体化育人，我们都知道德育教育是系统工程，需要教育教学管理服务等各个方面协同发力，不断拓宽育人的渠道、拓展育人的媒介。二是要紧紧围绕大学生全面发展这个目标，以生为本，充分发挥学生个人的主观能动性，以学生社团为载体、以新媒体新技术为媒介，最大限度地挖掘学生的潜能，全方位地充实提高自己，促进综合素质的全面提升。而这恰恰也是“以生为本”理念的最好体现。

三、“三全育人”的基本特征

“三全育人”的理念是一种“大思政”的教育模式，涉及育人的方方面面，利用了一切可以团结利用的力量，有以下几个特征。

（一）育人的系统性

育人是系统工程，需要多方参与、支持和配合，也只有如此才能形成育人合力。“三全育人”正是基于大思政格局的前提所提出的，高校应该建立健全党委统一领导、党政群团和各部门共同参与的育人体制，从思想政治教育的整体着眼，调动一切可以调动的力量，充分发挥育人职能，将思想政治教育渗透到日常工作的方方面面，从“思政课程”向“课程思政”转变，将滴灌和漫灌结合起来，形成德育工作的新格局。同时，将学校、家庭、社会等紧密联系起来，整合各种力量，形成强大的育人合力，确保育人效果。

（二）育人的全面性

人的全面发展是教育追求的终极目标。高校的根本任务是“立德树人”，应该为学生德才兼备、全面发展提供条件。高校不仅要传授知识，提高学生的文化素养，开拓学生的视野，更要重视德育教育，并加强体育、美育教育和社会实践活动锻炼，使各方面教育相互渗透、相互影响、共同促进，实现学生全面发展和健康成长的目标。“三全育人”以人的全面发展为目标，通过各种途径和手段，针对不同的阶段，采用不同的方法，开展全过程全方位育人，使学生掌握必备的科学文化知识，同时具备良好的身心素质和道德品格。

（三）育人的全程性

思想品德的形成具有长期性和反复性的特点。思想品德的形成发展规律需要德育工作贯穿学生成长的始终。“三全育人”的教育理念明确指出要将思想政治教育融入教育教学全过程，伴随学生的成长。而不同学生在不同阶段呈现出不同的特点，因此，“三全育人”的理念不仅注重全员性、全程性，更强调在不同阶段，根据学生的不同特点，制定相应的教育内容。这样一来，育人的针对性更强，效果更明显，体现了全程性的特点。

第二节 新时代高校“三全育人”的理论探析

“三全育人”概念的提出具有一定的过程，梳理其理论渊源、时代背景和实践基础，对于开展“三全育人”工作实践具有重要的意义和价值。

一、“三全育人”的提出过程

2005年，全国加强和改进大学生思想政治教育工作会议上，胡锦涛明确指出“加强和改进大学生思想政治教育是一项涉及方方面面的系统工程”，“各高校要努力形成党委统一领导，党政群团齐抓共管，全体教职员工全员育人、全方位育人、全过程育人的工作机制”。这是国家首次明确提出全员育人、全程育人、全方位育人的概念。2016年，习近平在全国高校思想政治工作会议上强调，“把思想政治工作贯穿教育教学全过程，实现全程育人、全方位育人”。那么“三全育人”的理念是如何产生发展、逐渐演变的呢？下面我们认真梳理一下新中国成立以来教育理念的发展变化。

（一）萌芽阶段（1949-1966年）

萌芽阶段，主要是指新中国成立以来到“文化大革命”开始前的这段时间。新中国成立以后，百废待举、百业待兴，对人才的需求空前强烈。以毛泽东同志为核心的第一代中央领导集体意识到了教育的重要性和进行改革的必要性。《中国人民政治协商会议共同纲领》中规定：“中华人民共和国的文化教育为新民主主义的，即民族的、科学的、大众的文化教育。”在中国教育工会第一次全国代表大会上提出了“教书育人，管理育人，服务育人”的口号。1957年，毛泽东撰写了《关于正确处理人民内部矛盾的问题》一文，其中提到“思想政治工作，各个部门都要负责任。共产党应该管，共青团应该管，政府主管部门应该管，学校的校长教师更应该管”。这也可以看作全员育人思想最初的萌芽。

（二）探索发展阶段（1978-1998年）

“文化大革命”时期，我国的教育事业陷入了动荡和混乱之中，处于停滞状态。党的十一届三中全会召开之后，中国社会发展进入了一个新的历史时期，党和国家的教育方针也随之发生了变化。邓小平提出“教育要面向现代化，面向世界，面向未来，要培养有理想、有道德、有文化、有纪律的社会主义四有新人”。“三个面向”和“四有新人”成为我国教育发展的目标，“教书育人，管理育人，服务育人”逐步成为教育工作者的共识。党的十四届六中全会后，为了进一步适应市场经济体制改革，中国教育工会持续深化“三育人”活动，在全国范围内开展了以加强师德建设为核心的“树师表形象，创文明校风，为实现跨世纪宏伟目标做贡献”活动，大力推进教师队伍建设和精神文明建设，将“三育人”的理念持续推向纵深发展。

（三）快速发展阶段（1999-2003年）

1999年，中共中央、国务院颁布了《中共中央国务院关于深化教育改革，全面推进素质教育的决定》（简称《决定》）。

《决定》从社会主义现代化建设的全局出发，对21世纪的教育改革和发展做出了全面部署，在我国教育的发展史上具有里程碑意义，实现了从应试教育到全面推进素质教育的转变，克服了过去教育观念和教育实践中存在的种种片面性，尤其是扭转了只重视智育，轻视德育、体育和美育的局面。国家主席江泽民指出，“要以培养学生的创新精神和实践能力为重点，努力造就有理想，有道德，有文化，也有纪律的德育，智育，体育，美育等全面发展的社会主义事业建设者和接班人”。全面推进素质教育，必须在抓紧科学文化素质教育的同时，更加重视思想政治素质教育。在这样的形势背景影响下，学者们开始理性认识过去提出的“三育人”概念，并对其概念的不足和问题，进行分析、归纳和总结，同时及时进行了补充与完善。《决定》指出“要更新旧的教育观念，改革对教书的理解”。教书不仅仅指传授学生书本知识，还应培养学生的创新精神和实践能力，同时“素质教育还应加强师德教育，提高教师的能力和水平是‘三育人’工作新的工作内容”。此时，也有学者提出了“三育人”的具体实施途径，如“建立全员育人的网络系统，建立执行的机制和制度，实施两课，发挥党团支部和‘两校一会’的作用，开展社会实践活动，做好新生入学，毕业以及主干阶段的思政工作等”。

（四）成熟完善阶段（2004 年至今）

2004年8月26日，中共中央国务院《关于进一步加强和改进大学生思想政治教育的意见》（中发〔2014〕16号文件）正式颁布。这是首次从国家层面明确对如何加强和改进大学生思想政治教育进行安排布置，标志着党和政府在新的历史条件下深化了对大学生思想政治教育的重要性及科学性的认识。《意见》进一步明确了加强和改进大学生思想政治教育的指导思想、基本原则、主要任务和有效途径，并提出了一系列新思路、新方法、新举措。如“坚持教育与育人相结合、坚持教育与管理相结合、坚持教育与自我教育相结合”等基本原则，通过“服务育人，管理育人”，“主动占领网络思想政治教育新阵地”等，促进大学生全面发展。在中发〔2014〕16号文件的指引下，全国上下掀起了对全员育人、全程育人、全方位育人的研究热潮，研究的范围更加广泛，该教育模式构建实施的途径和方式更为全面。2005年1月17日，在全国加强和改进大学生思想政治教育工作会议上明确提出了“全员育人、全方位育人、全过程育人”的口号。党的十八大以来，以习近平同志为核心的党中央不断发展完善“三全育人”理念，使其走向成熟。

二、“三全育人”理念的基本特征

（一）系统整合，牢牢把握“育人”核心

人既是教育的出发点，也是其最终的归宿。“育人”是“三全育人”模式的中心，以“育人”为核心，实质上也体现了教育以人为本的理念。无论是全程育人还是全方位育人，出发点和落脚点都在“育人”，而全程、全方位是实现“育人”这个目标的途径或者方式。“三全育人”的教育理念最大限度地挖掘了现有的及潜在的教育资源，将他们科学系统地整合起来，形成合力。如果偏离了“育人”这个核心，那么“三全育人”的教育理念也就失去了方向和目标，自然也没有任何存在的价值和意义。育人成效如何，是对“三全育人”模式成败的检验。

（二）齐抓共管，形成思想政治教育合力

当代大学生生活在一个经济全球化、信息多样化、发展多元化的时代，学生的独立性和自主性都获得了巨大的发展，但是面临的问题也更加复杂和多样，世界范围内的各种思想文化的激荡、冲突愈加激烈，西方敌对势力对社会主义中国实施“西化”“分化”，并极力通过多种途径加紧进行思想和文化渗透，同我国争夺思想阵地、争夺青年一代的斗争也愈加激烈。单纯靠思想政治教师来解决学生的德育问题，已明显不能满足当今教育发展的需要。因此高等学校必须深刻认识加强和改进思想政治教育工作的重要性和紧迫性，调动一切可以调动的力量，整合一切可以整合的资源，利用一切可以利用的手段，形成党委统一领导、各部门齐抓共管的大思政格局，也只有加强分工协作，提高思想政治教育的实效性，才能有效促进大学生全面健康发展。

（三）全程跟进，抓好大学生教育的关键点

人的思想观念不仅易变、不稳定，还极容易受外部环境和原有价值观念的影响，因此，想要在短时间内让受教育者接受我们所传递的价值观念，绝非易事。德育是塑造人的工程，其最终目的是引导大学生将内化的价值规范和价值观念外化成行为，并养成良好的习惯，进一步固化为优良的品质。“三全育人”的教育理念鲜明地突出了育人的全程性，通过“人学时”“在读期”“毕业季”的划分，牢牢抓住大学生成长的关键点，保证育人时间又突出重点，全程跟进，有的放矢，为大学生顺利度过大学生活奠定了良好基础。

（四）全面配合，促进大学生全面发展

人是德育的中心，而德育的最终目标是促进人的全面发展。育人主体如何开展德育工作，关系着德育目标的实现。“三全育人”以实现人的全面发展为目标，运用多种手段和途径，调动了一切可以调动的力量参与育人工作，多层次全方位地开展思想政治教育，提升大学生的各项素质，促进大学生的身心健康发展，使大学生知识和能力协调统一。

三、“三全育人”理念的理论基础

（一）系统论

系统论最早是由美籍奥地利学者L. V.贝塔朗菲提出的。他认为系统是普遍存在的，世界上的任何事物都可以看成一个系统。系统论注重将研究分析的对象当作一个系统，主要分析系统的结构、功能，研究其与构成要素以及环境之间的关系，并分析其规律。

1．整体性原理

系统论的整体性原理是指系统是由若干要素组成的具有独立要素所不具有的功能和性质的有机整体。意思是，万事万物都可以看作一个由若干要素组成的系统，其表现出来的整体性质不是各要素性质功能的简单叠加，而是组合后产生的新的性质功能，通俗来说，就是“整体大于部分之和”。整体性原理是系统论最基本的原理，主要强调整体，而整体是由相互影响、相互制约的各个要素构成。系统之所以成为系统，首先，必须要有整体性。育人工作也是一项系统工程，是一个有机统一的整体，需要整合各种资源、协调多方力量共同参与，配合完成，这样才能达到“1+1>2”的效果，发挥出系统的整体性功能。“三全育人”恰恰就是将德育系统内的各个要素整合起来，使其相互作用、形成合力，发挥整体功能，实现成效最大化。

2．开放性原理

“系统的开放性原理指的是，系统具有不断地与外界环境进行物质、能量、信息交换的性质和功能，系统向环境开放是系统得以向上发展的前提，也是系统得以稳定存在的条件。”当今社会是一个开放包容、紧密联系的世界，不与外界接触、不对外部开放的系统是不存在的。尤其是在信息技术和自媒体高度发达的今天，高校的德育工作不再是绝对封闭的系统。一方面，互联网的广泛使用及不断变化的社会环境使得身心尚未完全成熟的学生很容易受到外部环境的影响；另一方面，学生最终将走向社会，为社会发展贡献力量。那么，我们很有必要将德育教育置于一个动态、开放的环境中进行考量，使之与社会的发展形成良性互动，从而为培养出更多适应社会发展的人才奠定良好的基础。

（二）协调控制律

协调控制律是思想政治教育的具体规律之一，主要指“在思想政治教育过程中，教育者既要坚持和协调各方面、各种类、各阶段的自觉影响，又要努力控制各方面、各种类、各阶段的自发影响，实现协调自觉影响与控制自发影响的辩证统一”。对学生进行思想政治教育的过程是一个诸多因素相互作用、相互影响的过程，必然存在一系列的矛盾，如教育要求与社会现状间的矛盾，教育者与受教育者之间的矛盾，教育要求与受教育者本人思想行为间的矛盾，等等，而这些矛盾会直接影响思想政治教育的实际效果。要想使思想政治教育取得真正的效果，必须正确认识和处理这些矛盾关系，有预见地对此进行协调控制。而“三全育人”的教育理念响应了新时代党和国家对德育教育提出的新要求，是党和国家致力于解决实际问题的教育模式，它很好地弥补了德育教育实效性不足以及其无法满足新时代发展需求的缺点，致力于推进思想政治教育工作的持续性和全面性，而这些都与协调控制理论高度一致。

（1）思想政治教育要实现协调自觉影响与控制自发影响的辩证统一，必须坚持正确的政治方向。

高校的根本任务是立德树人，承担着为国家培养德智体美全面发展的社会主义事业建设者和接班人的重大任务。开展思想政治教育，不能脱离现实社会发展的要求，必须从实际出发，明确教育的目标、内容和任务等。同时，要及时研判形势，遵循思想政治工作规律，遵循教书育人规律，遵循学生成长规律，注重因事而化、因时而进、因势而新，不断提高工作能力和水平，防止思想政治教育与社会实际需要出现背离。

（2）思想政治教育要实现协调自觉影响与控制自发影响的辩证统一，必须坚持学校和家庭教育同社会影响的一致协调。

社会影响简单来说就是社会环境对大学生心理或行为产生的或直接或间接的

影响，影响可以是积极的，也可以是消极的。比如互联网、自媒体等所传递的信息就极易对人生观、价值观、世界观尚未定型的大学生产生影响。学生在校接受的德育教育有可能和大众媒介所宣传的思想（尤其是一些负面的消息）存在矛盾，要想增强思想政治教育的效果，就必须正确协调社会影响、学校教育和家庭教育之间的关系。“三全育人”的教育理念树立的是一种大思政观，其突出特点是动员一切可以动员的力量、挖掘一切可以挖掘的资源开展思想政治教育，积极发挥家庭、学校和社会三结合的育人作用，形成以学校教育为主体，以家庭教育为补充，发挥社会实践的育人功能，构建立体式、全方位的教育模式，使思想政治教育无时不在，无处不在。

（3）思想政治教育要实现协调自觉影响与控制自发影响的辩证统一，必须做到一以贯之。

大学生在每个阶段都会呈现出不同的特点，相应的，思想政治教育也要随之调整变化，在不同阶段有所侧重。“三全育人”强调把思想政治教育贯穿教育教学全过程，除了在不同阶段采取不同的教育，还注重将思想政治教育贯穿始终。这是其连贯性、一致性的体现，遵循了思想政治教育协调控制律。

（三）人的全面发展理论

人的全面发展是指人的体力、智力、德育等方面充分、自由、和谐的发展，这是人的发展阶段中最高并且最理想的阶段。人的全面发展理论是马克思主义的基本原理之一，也是我国教育事业的理论来源。每个人都应该有不断完善自身、不断超越自己的信念，人的全面发展是我们教育所追求的目标。教育的出发点和落脚点都是在人的身上，最终目标是促进人的智力、品德、体质等协调发展，全面提升个人综合素质，形成有益和谐的社会关系，培养出合格的社会主义建设者和接班人。“三全育人”的教育模式坚持“立德树人”，以“育人”为核心，将显性教育和隐性教育结合起来，把思想政治教育融入教育教学的各个环节，伴随大学生的成长全过程，引导学生主动养成良好的品德，促进个人健康成才。因此，人的全面发展理论既是“三全育人”理念的理论基础，也是教育者所追求的终极目标。

第三节 新时代高校“三全育人”的现实意义

“三全育人”对提高高校思想政治工作的实效性、加强高校思想政治教育工作队伍建设、落实教育“立德树人”根本任务具有重要的意义。

一、积极贯彻国家关于高校思想政治工作的政策

大学生是一个特殊的群体，是社会主义事业的建设者和接班人，是国家和民族的未来与希望。加强和改进大学生思想政治教育，是推动党和国家事业发展的必然要求，是提高党的执政能力、巩固党的执政基础的重要保证。党和政府历来高度重视大学生思想政治教育工作，十分关心大学生的健康成长，多次出台文件政策，对高校思想政治工作进行安排部署。

当前，我国正处于全面深化改革的转型期，国外的先进文化和优秀成果大量涌入，同时，国外资本主义的意识形态、价值观念、思想文化、生活方式等也随之渗透进来，且在广度和深度上不断扩展和延伸，越来越隐蔽、越来越巧妙，对我国的社会主义制度和社会主义意识形态造成了极大的冲击。对于人生观、世界观和价值观并不稳固的当代大学生来说，很容易随之产生变化。而“三全育人”的教育理念符合党和政府对加强和改进高校思想政治工作的新要求，顺应了党和政府对高校思想政治工作的指引方向，响应了党和政府关于高校思想政治工作与时俱进、创新发展的号召。

21世纪以来，党和国家先后出台了《关于进一步加强和改进大学生思想政治教育的意见》《关于进一步加强和改进新形势下高校宣传思想工作的意见》等近20份文件。在这些文件中，都体现了党和国家对高校思想政治教育工作的重视。高校思想政治工作关系着高校培养什么样的人、如何培养人以及为谁培养人这个根本问题，应该将高校思想政治教育放在“事关国家和民族未来”的高度进行统筹

规划。同时，党的十八大在对国际、国内教育形势客观分析的基础上，综合我国教育事业发展现状，明确提出把“立德树人作为教育根本任务”的科学论断，2016年底全国高校思想政治会议也明确“要坚持把立德树人作为中心环节”，再次突出了“立德树人”的中心任务。

（一）明确思想政治教育的指导思想和基本原则

对大学生进行思想政治教育，要始终坚持马克思主义的指导地位，把马克思主义立场观点方法贯穿到各学科专业、各研究领域，持续深入学习习近平总书记治国理政新理念、新思想、新战略，引导高校全体师生深刻把握其核心要义和思想精髓，牢固树立核心意识。将社会主义核心价值观贯穿办学育人的全过程，把中华优秀传统文化和革命文化、社会主义先进文化教育融入校园文化建设中，坚持教书与育人相结合，坚持理论与社会实践相结合，坚持教育与管理相结合，坚持解决思想问题与解决实际问题相结合，坚持继承优良传统与改革创新相结合。

（二）加强思想政治教育工作队伍建设

打铁还须自身硬，要把思想政治工作做出更好更高的水平，就必须有一支高水平、高觉悟、信念坚定、作风坚强、爱岗敬业的思政工作专职队伍。习近平总书记指出：“这是一支不可或缺的队伍，也是一支值得信赖的队伍。要建设好这支队伍，保证这支队伍高质量、高水准，保证这支队伍后继有人、源源不断。”这支队伍的主体包括高校党政团干部、思想政治理论课和哲学社会科学课教师、辅导员等。要想使思想政治工作取得实效，应不断加强对他们的培养、培训、管理和使用。同时，要形成全员育人的良好氛围和工作格局，让广大教职员工都承担起教育学生的责任。

（三）提出大学生思想政治教育的有效途径

习近平指出，做好高校思想政治工作，要因事而化、因时而进、因势而新。要充分发挥好课堂教学的主渠道作用，支持改革、鼓励创新，引导树立“大思政”概念，推动“思政课程”向“课程思政”拓展；鼓励将“课堂教学”与“线下线上”“第二课堂”结合；支持将校内的知识传授、人文熏陶等向校外的社会实践延伸，形成协同效应。加强网络意识形态教育研究，科学把握信息传播规律，重视微博、微信、移动客户端等新型媒体的使用，改变长篇大论和空洞说教的工作方法，多采用大学生易于接受的方式，用社会主义核心价值观主流思想引领青年学生，弘扬主旋律、传播正能量。更加注重文化育人，组织形式多样、格调高雅的校园文化活动，营造健康向上的校园氛围。

二、能够有效加强思想政治教育的薄弱环节

在党和政府的高度重视下，大学生思想政治教育工作取得了显著成绩。但随着社会多元化、全球化的发展趋势愈演愈烈，我国高校思想政治教育工作面临更为巨大的挑战。对此，应当有一个清醒的认识。对于思想政治工作中存在的薄弱环节应高度重视，制定有针对性的整改措施，认真加以落实和改进，确保育人效果。当前，我国高校思想政治教育的突出问题是缺乏实效性，具体体现在以下几个方面。

（一）思想政治教育存在形式主义的弊病

高校不是远离社会的象牙塔，而是各种观念和思潮激烈碰撞的角力场，是意识形态导向鲜明的前沿阵地。因此，党和政府历来高度重视高校思想政治教育工作，也致力于进行思想政治教育的理论研究和创新，但是在实际工作过程中，具体的落实措施和办法还停留在提要求和喊口号上，一些深层次的思想问题及亟待解决的现实问题并未真正得到解决。承担其他课程的很多责任教师虽然认识到了对学生进行思想政治教育的重要性，但是在实际的教育教学中未能采取有效措施达到育人效果，导致“口头上重视，现实中忽视”。甚至有人认为思想政治教育仅仅是思想政治学科教师的工作，他们只需对学生的专业课成绩负责，从而忽视了自身理应承担的育人职责。因此，我们不仅需要重视思想政治教育工作，还要采取有针对性的措施，确保工作取得实效。

（二）思想政治教育的手段方法单一落后

很长一段时间我国高校开展思想政治教育工作最常用的方法即“灌输式教

学”，然而，随着社会政治、经济、文化的发展，受教育者的知识水平不断提高，自我意识不断觉醒，我国已经进入了全面深化改革的新时期，外部环境的不断变化使得我国高校思想政治教育工作面临新的问题与挑战，思想政治教育的环境、对象和内容也都发生了深刻的变化，传统“重灌输、轻能力培养，重传递、轻思考，强调德育知识性的传授，忽视了道德选择和能力的培养”的灌输方法，明显已经不能适应社会的发展和当前思想政治教育的实际。而缺少层次性、个体性、启发性，忽视学生思想实际的强制说服方式也很难将道德行为规范内化成学生的自觉意识，单纯的理论灌输和空洞的说教很容易让学生产生抵触情绪和逆反心理。因此，我们必须不断更新育人理念和方法，拓宽德育教育渠道，适应新时代社会发展的要求。

（三）缺乏必要的情感教育

教育的立足点与出发点是“人”，思想政治教育更是如此。我们对学生进行思想政治教育的最终目的是将社会所要求的一系列规则规范内化为他们的动机和意识，然后再将这些意识外化为行为并固化成稳定的品格。马克思指出：“道德的本质精神是自由、自律。”因此，从更深层的本质上来说，思想政治教育应当使受教育者真正从心底产生认同，是出于自愿的行为，而非通过外在的强制与约束所产生的被动服从的行为。“只有情感才能使道德教育真正成为一种抵达心灵、发育精神的教育，没有情感道德教育就不可能变成精神发育的活动和生命内在的精神活动。”对于高校来说，在德育教育中存在情感性教育缺失的问题，对此，我们应有清晰的认识，并及时更新教育理念，关心关注大学生在情感生活中的情感体验及品格发展。尽管我们一直强调思想政治教育既要晓之以理，又要动之以情，但在具体的教学实践中，往往弱化了情感的功能，一些教师在传道授业解惑的过程中，不懂得也不善于使用情感教育。结果往往是“现行的道德教育带有明显的唯理性倾向，重理性知识传授，轻感性体验内化，重外在理智控制，轻内在情绪调节”。受多种因素的影响，学生对老师更多是怀着敬畏，师生间的交流与沟通较少，关系不够密切。因此，做好思想政治工作必须深化以人为本的理念，重视情感交流对学生人格的培育。

（四）新媒体给高校思想政治教育带来了巨大冲击

大学是人生一个很特别的阶段。处于此阶段的学生对新生事物充满好奇，但由于其世界观、人生观和价值观尚未定型，很容易受到外部环境的影响和外来文化的冲击。随着互联网的高速发展，新媒体不断涌现，一方面大量涌入的信息资源开阔了大学生的眼界，丰富了他们的知识；但另一方面互联网的虚拟世界也为学生提供了逃避现实的港湾，造成一些大学生过分依赖网络、上网成瘾，尤其是网络上充斥着各种恶俗、暴力等内容，对大学生的思想、价值观念的冲击非常大。有些外媒网站甚至发布和传播一些诋毁和丑化我国的内容，宣扬和传播资产阶级思想，企图渗透学生的意识形态，腐蚀学生的心灵，对我国主流价值观的宣传教育构成了极大的冲击和威胁。新时代背景下，高校进行思想政治教育工作既要重视互联网和新媒体的作用，同时也要警惕其带来的负面影响。

“三全育人”理念的提出，不仅是思想政治教育实践的要求，也是思想政治教育理论发展的需要。首先，它强调思想政治教育的全程性，最终落脚于大学生的实践，有助于克服形式主义的弊端。其次，它强调育人的全方位性，不仅要求全员育人，还将思想政治教育和知识教育有机结合起来，进一步提高了思想政治教育的实效性。最后，“三全育人”高度重视载体和媒介的丰富性、多样化，能够有效避免传统思想政治教育方法单一的问题。总之，“三全育人”以育人为核心，充分发挥各种教育因素的作用，拓宽一切渠道，调动一切人员，增强了思想政治教育的实效性和针对性，能够有效改善当前思想政治教育的薄弱环节。

三、集中体现了思想政治工作的突出特点

思想政治工作的对象是“人”，是提高个人思想觉悟的工作，主要解决人的思想、观点、政治立场问题。思想政治工作是高校工作十分重要的组成部分，也是

做好其他一切工作的有力保证。思想政治工作的丰富内涵与外延，是思想政治工作的鲜明特性。思想政治工作的内涵，是指思想政治工作存在与发展的根据，它决定思想政治工作的性质与形态；思想政治工作的外延，是指思想政治工作的边界或范围，它受思想政治工作内涵的制约与调控。“把思想政治工作贯穿教育教学全过程，实现全程育人、全方位育人”不仅蕴涵了思想政治工作的内涵特性，而且标示了思想政治工作的外延特征。

（一）展现了思想政治工作的意识形态性

意识形态性是思想政治工作的鲜明特性。思想政治工作与社会主义意识形态的关系，是直接而基本的关系，思想政治工作性质的规定性就是社会主义意识形态性。意识形态工作是一项极其重要的工作。高校是党的意识形态工作的前沿阵地，也是党的意识形态工作的独特战线。高校的意识形态工作，最根本的就是要坚持以马列主义、毛泽东思想、邓小平理论、“三个代表”重要思想、科学发展观和习近平新时代中国特色社会主义思想为指导，坚持中国特色社会主义道路和制度，以社会主义核心价值观为引领，保障高校的社会主义发展方向。高校意识形态工作的地位与作用，决定了高校要把思想政治工作贯穿教育教学的全过程，坚持育人为本、德育为先，把思想政治教育摆在更加突出的位置。只有这样，才能充分发挥思想政治工作保证方向、提供动力、增强活力与凝聚力的作用，提高我国高等教育发展水平，增强国家核心竞争力。

（二）展现了思想政治工作的全员性和全程性

在我国，思想政治工作不仅具有覆盖全体的全员性，而且具有过程的全程性。所谓全员性，是指所有社会人员都要参与思想政治工作、接受思想政治教育，他们既是教育者，又是受教育者。其中，共产党员特别是领导干部、青少年学生是思想政治工作的重点；各级党组织、共青团组织和工会组织，担当着思想政治工作的重要职责；各行各业有不同类型的思想政治工作。所谓全程性，是指思想政治工作过程的持续性，包括思想政治工作环节的完善及其衔接，也包括把思想政治教育贯穿到大学生学习、生活的各个方面，营造良好的外部环境。

高校思想政治工作覆盖高校所有的党政机关、群团组织、学术机构和教职员工，也就是所有的组织机构和全体成员，都必须参与思想政治工作、接受思想政治教育，特别是各级党组织和广大党员、思想政治工作者和教师，不仅要带头接受思想政治教育，先当好学生，提高思想政治素质，而且要结合自己所做的工作，面向学生教书育人、科研育人、实践育人、管理育人、服务育人、文化育人、组织育人，把思想政治工作贯穿到教育教学、管理服务、日常生活中去，真正做到全程育人、全方位育人。忽视、轻视思想政治工作，不参与思想政治工作，不接受思想政治教育，实际上是放弃育人职责，背离正确办学方向，只会给学生带来消极甚至错误影响，阻碍教育教学的正常进行。

四、促进德育理论研究向纵深发展

育人为本，德育为先。德育教育必须紧密结合现实社会的发展要求，建立在解决现实问题的需求之上。21世纪以来，我国教育理论研究的发展趋势主要体现在三个方面："走向教育理论自身的批判""走向丰富的教育实践""走向多维度的综合"。我国学校德育理论研究在市场经济和政治民主化的推动下，经历了从科学化阶段到现代化阶段再到人性化阶段的历程。德育理论研究的每一次进步和突破，都是在新的时代背景下对过去德育教育理论体系的发展，是与现实结合的产物。当今，我国经济社会发展步入新常态，德育理论研究也开始了新的阶段。各个领域的深化改革、各种意识形态的交融交锋、互联网的全面覆盖、科学技术的迅猛发展等都赋予了德育教育更为丰富的内涵，其概念和范畴也应随之发生相应的变化。当今社会更加开放，整个世界的联系变得更加紧密，环境的开放性使得受教育者更方便、更快捷地接受海量信息，也基于此，受教育者的价值观、思维方式等也更易受到外界因素的影响。在这样的大背景下，也对高校德育工作提出了新的更高的要求。高校德育工作者只有不断更新理念，建立与时代相适应的新思想、新方法、新模式，才能保持其蓬勃的生命力。德育教育是一项系统工程，需要调动各方力量、整合各方资源，因此，德育教育必须打破过去单一、封闭的模式，建立一个整合、开放的体系，也只有这样，才能适应新时代的要求，才能最大限度地发挥其实效性。“三全育人”的提出无疑是当前及今后一段时间高校德育工作的主旋律，加强其研究有利于构建开放、动态、整合的德育模式，实现德育理论研究不断向深入发展。

（一）推进高校德育创新发展

新中国成立以来，特别是改革开放40年来，高校德育工作在探索改革中不断前进发展，取得了丰硕成果。但是，我们必须清醒地认识到，由于历史及现实的种种原因，我国高校德育工作在思想、理念、体系、方法、手段等方面仍然比较落后。我们必须立足现实，积极引人先进的理念，把理论与实践结合起来，推动高校德育工作创新发展。“三全育人”建立的是一种大思政观，将理论研究和实践探索紧密结合，一方面，坚持党和国家对高校德育工作的领导，调动一切力量，充分利用多种积极因素，进一步拓宽教育渠道，促进德育理论创新发展；另一方面，立足当前我国高校思想政治教育实效性不足的现实，以新时代经济社会发展对高校育人提出的新要求为方向，建立严密、连续的实践机制，开创新形势下大学生思想政治工作体系的新格局。

（二）提升高校德育工作水平

随着科学技术的迅速发展，经济全球化趋势愈演愈烈，国际国内环境都发生了深刻变化，各种思潮、各种文化的激荡日益激烈，大学生极易受到不良思想、不良文化和不良风气的影响。当前，我国正处于全面深化改革的深水区，社会的变革在推动进步的同时，也不可避免地产生了一些问题。如何在复杂多元、开放自由的环境下，结合信息时代下思想政治教育的新特点，教育引导大学生树立社会主义核心价值观，不断提高学生的思想水平、政治觉悟、道德品质和文化素养，把握新形势下高校思想政治工作面临的问题，卓有成效地开展德育教育，是当前高校思想政治工作中一项十分艰巨的任务。“三全育人”的教育理念是一个开放、严密、系统的德育教育模式，将思想政治教育渗透在学生学习、生活、成长的各个时期，整合各种德育教育资源，拓宽思想政治教育渠道，形成时时有德育、处处有德育、事事有德育的良好局面。同时，抓住大学生成长成才的关键时期，开展全方位育人，提高思想政治教育对开放、多变的外部环境的适应能力，增强德育教育的科学性和实效性，全面提升高校德育教育水平。

（三）促进大学生全面健康成长

社会的发展和进步主要依靠高素质人才，高校是培养人才的摇篮，必须坚持贯彻落实党的教育方针，提升大学生综合素质，促进大学生全面健康成长成才。因此，我们不仅要让大学生在学校获得专业知识和专业技能的提高，更重要的是让大学生树立正确的世界观、人生观和价值观，用社会主义核心价值观引领青年学生，引导学生发扬优良传统，传承红色基因，培养爱国爱民之情，砥砺报国奉献之志，构筑起坚实的精神堡垒，正确处理好个人利益与国家利益、个人需求与社会责任之间的关系，把实现自己的人生价值同祖国的需要结合起来，把承担社会责任作为一种精神追求、一种生活方式，带头倡导良好社会风气。“三全育人”这样一个全面系统的育人模式恰恰满足了当下的教育需求。它不仅将思想政治教育融入教育教学全过程，还从各个方面人手，多管齐下发挥育人作用，既发挥了课堂教学等主渠道育人作用，促进大学生掌握应该学好的专业知识和技能，还通过校园文化活动、社会实践活动等多种渠道开阔学生的眼界、锻炼学生的能力、锤炼学生的品格，最终达到促进大学生综合素质和全面健康发展的目的。

第四节　西方高校“三全育人”经验及其启示

西方发达国家也对学生开展思想政治教育，虽然他们没有明确提出“思想政治”的概念，但是其德育方面的教育依然带有浓烈的政治色彩。国外高校思想政治教育的培养目标与其国家目标和教育目标是一脉相承的，具有明显的时代性和全球性，反映出各个国家的需求。人类社会在发展过程中形成的共同价值观，成为各个国家共同遵守的准则。其共同目标是培养学生的爱国主义精神，最终目标是要培养各国所需的政治思想品德合格的接班人，培养合格的本国公民，培养全面发展的人。

国外高校思想政治教育的内容十分丰富，并且随着社会的发展进步不断增多。比如价值观教育、爱国主义教育、宗教教育、心理健康教育、职业道德教育等，他们的德育教育往往紧密联系社会现实，与学生的健康成长密切相关，同时注重实效性，将枯燥的说教和理论尽可能地变成通俗易懂的道理，让学生更加容易接受。国外高校十分重视课堂教学，开设了丰富的思想政治教育类课程，也非常注意将思想政治教育融入专业课教学和其他学科的教学中，同时，还注重通过社会实践活动增强学生的社会责任感，提高其道德修养和个人素养。

一、国外高校育人的经验

虽然，国外高校在育人方面各有特色，既有其特殊性又有共同性，各个国家立足于自身的国情，注重教育内容和国情相结合，在注重学生自身实际、注重实践、创新教育方法等方面加强思想政治工作，探索出了一整套适合西方国家的思想政治理论课教学经验，对加强和改进我国的思想政治教育有借鉴意义。

（一）加强管理，尊重个人价值

在我国，思想政治教育更多地强调社会价值，更多地要求少数服从多数、个人服从集体。这容易忽视受教育者的政治需求及心理需求，使受教育者产生疏远感，内心排斥和抵制思想政治教育。在西方，开展思想政治教育时，往往在灌输国家意识的同时，更多地强调和尊重个人价值，在相关的法律和社会活动中也给予个人更多的关注。尊重个人选择，给予个人更多的选择和自由，这样做，既调动了学生的积极性，也充分实现了社会、学校和个人的有机融合，较好地达到了预期的效果。此外，西方国家普遍注重加强课程管理，制定了统一的目标、统一的课程标准和教学大纲等。从小学、中学到大学，建立一体化的思想政治教育体系，思想政治教育统筹规划，一以贯之，很好地解决了思想政治教育的内容问题。而且教育的内容往往与现实社会和学生实际紧密联系，循序渐进、通俗易懂，根据不同阶段学生的不同特点，分清层次、由浅入深，具有很强的现实性和针对性。

（二）坚持创新，培养时代所需人才

在当今经济全球化、科技现代化、文化多元化、高等教育多样化趋势下，国外许多国家重视思想政治教育的改革，随着时代的变迁而不断对思想政治教育的目标、内容、方法、形式、途径等进行调整，使之不断适应新形势的变化，永葆思想政治教育的活力。思想政治教育要面向全体学生，注重提高学生的整体素质。这也是国外高校进行思想政治教育的最基本要求。并且，在此基础上，注重培养学生的创新能力和创新精神，为国家发展造就大批创新型人才。

（三）多管齐下，加强思想政治教育

在国外，对学生进行思想政治教育不仅仅是学校的责任，他们善于借助社会力量实施思想政治教育，积极探索思想政治教育的多种途径。思想政治教育是一项系统的工程，仅仅依靠学校的力量，很难很好地完成这一任务。因此，学校、家庭、社区、社会、政府等各司其职、各负其责，通过多种形式、多种手段共同开展大学生思想政治教育，形成辐射全社会的“资源共享”的教育网，促进思想政治教育社会化、综合化和系统化。比如在美国，家长负有监管子女的义务，田纳西州法律规定，若学生连续缺课，其家长需向当地法院缴纳50美元罚金，以示惩处。美国中学教育规定学生必须参加义务性的志愿者活动，否则不准其毕业，而参加较多志愿者活动的中学毕业生在高考时往往会被优先录取。在日本，社区有自发形成的“母亲读书会”。母亲们通过定期交流、充电，既为孩子做了示范，又提高了自身素质和培养教育孩子的能力。此外，日本社区还设有供社区居民参加教育学习或组织文化娱乐活动的“旧本公民馆”，日本社区不仅以此为依托开展职业教育，还实施“读书日”“心理咨询”“社区服务”等活动。这有利于整合学校、政府和社会资源，并形成合力，培养理想的日本公民。这样的思想政治教育模式有效摆脱了单纯依靠学校来进行思想政治教育的弊端，形成了教育合力和多方面齐抓共管的良好局面。

（四）通过隐性教育，渗透思想政治教育内容

国外的思想政治教育坚持灌输与渗透相结合的原则，既发挥课程教学主渠道

作用，开设必要的思想政治教育课程，又将思想政治教育融入其他学科教学以及学生教育的各个方面，充分发挥隐性教育的作用，提高思想政治教育的实效性。比如，西方国家会在文化产业中加人思想政治教育方面的内容，对国民进行潜移默化的教育。像美国好莱坞的电影、日本的动漫等都会将本国倡导的价值观和思想政治教育渗透其中，这样既达到了思想政治教育的效果，也增强了国民的民族自尊和自信。而且通过文化产业当中爱国、民主等情节的展示，培养国民和学生的爱国情怀，激发国民形成乐观向上、自尊自豪的心理，避免了传统理论灌输的填鸭式教育，也为思想政治教育找到合适出口，既达到了教育国民的效果，也通过这一方式，达到向全世界宣扬本国的文化影响力及本国价值观的目的。

（五）注重实践功能，增强教育实效

西方国家非常重视实践教学在思想政治教育中的地位和功能，在思想政治理论课教育过程中提供了大量的实践机会，通过组织开展各类社会实践、志愿服务活动等，让学生从中体验生活，增强社会责任感。比如通过参加社会志愿服务活动等，为他人提供力所能及的帮助，让学生在服务中体验奉献的乐趣。通过考察参观革命纪念馆、博物馆等，增强学生更直观的感受，珍惜今天的幸福生活，进一步提高自身的理性认识和分析解决社会问题的能力。通过在一些重大节日举办各类纪念活动，使学生接受现场教育，比如美国每年的12月7日（“珍珠港事件纪念日”），政府都会举办一系列纪念活动，邀请社会各界人士以及学生参加，让学生近距离感受战争的残酷以及当今生活的来之不易，从而牢记国耻、珍爱和平。

（六）丰富媒介，创新教育方法

除了传统的教育方法外，西方国家充分利用社会资源，通过多种手段，对大学生开展思想政治教育。如借社会文化设施及校园文化环境对学生开展思想政治教育。重视利用博物馆、纪念馆、革命遗址等对学生进行爱国主义教育，像美国的国会大厦、白宫、林肯纪念馆等都是对学生开展教育的基地和重要素材。校园文化环境也具有潜移默化、滴水穿石的作用。日本高校十分重视校园建设，校园内的建筑物、设施器材、装修装饰，甚至校园绿化美化都突出特色、体现精神，在无形中增强学生的认同感和归属感。同时，西方国家在思想政治教育过程中注重使用现代信息技术，一方面利用网络开设公民教育课程、慕课、提供网络心理咨询服务等，将思想政治教育融入其中；另一方面利用互联网、广播电视等各种现代传媒传播思想政治教育内容，坚持正确的政治方向，有效提升教育效果。

二、国外高校育人经验的启示

（一）教育内容的启示

思想政治教育具有明显的阶级性和政治性。西方国家强调个人主义，是资产阶级意识形态的集中表现。但对于我国国情来说，虽然倡导尊重个人价值，但是还要始终坚持集体主义的价值观，正确处理好个人与社会的关系。虽然各国的文化传统和历史背景不尽相同，但是都注重尊重本国的历史与传统，重视爱国主义教育，培养民族精神。此外，国外思想政治教育内容会随着时代的发展进步而不断丰富，涉及的内容也越来越广泛，不仅仅局限于国家意识形态的灌输，教育的内容同学生自身的实际以及需要紧密结合。尤其是在经济全球化发展的今天，国与国之间的联系日益紧密，环境污染、能源问题等世界性问题日渐突出，培养全球视野，关注人类共同命运，已经成为西方很多国家思想政治教育的一部分。各个国家还根据自身的具体情况，对思想政治教育的内容进行调整。比如美国“9·11”事件后，就更加注重青少年的安全教育，将其纳入公民教育的范畴内。因此，我国在进行思想政治教育时也要注重与时俱进，充分借鉴其他国家的先进经验，不断丰富思想政治教育的内容，以适应时代的需要，提升思想政治教育的效果。

（二）教育方法的启示

国外思想政治教育的方法和途径多种多样，这一点很值得我们借鉴。课堂教学是开展思想政治教育的主渠道，课上会采用多样化的教学方法，如课堂讨论、分组发言等充分调动学生参与的积极性。并且在思想政治理论课的教学中也很少采用直接的灌输式教学法，往往将教育的内容融入各种历史文化知识当中，让学生在不知不觉中形成某种特定的价值观。然而，并不是所有的国家都专门开设有思想政治教育课，有的国家没有单开，但是无论开课与否都没有影响对学生的教育。引起我们关注的是，有些国外高校在其他课程中融入了思想政治教育的内容，这也是当今我们国家提倡的从"思政课程"向"课程思政"的转变。有些国外高校还十分注重通过隐性课程来加强学生的思想政治教育，通过丰富多彩、生动有趣、灵活多样的校内外活动让广大青年学生受到教育。心理健康教育、志愿服务甚至各种建筑、无形的文化资产都是进行思想政治教育的重要载体。国外高校注重整合各种社会资源，充分挖掘和利用一切力量和资源，发挥家庭、学校、社会等各方面的作用，形成教育合力，为学生成才成长营造良好的氛围。此外，随着现代信息技术的发展，各国注重将现代多媒体网络技术应用于思想政治教育中，以增强教育的效果。

（三）师资队伍建设的启示

在国外，从事思想政治教育的教师并不只是专业课教师，也不局限于本校的教师，而是根据社会发展的需要，从社会各界人士当中选取，既有企业管理人员，也有政府机构人士，还有社会公益机构代表。教师来源的多元化、开放性，不仅促进了各行业人才与教育者之间的交流，也为大学生思想政治教育注入了新活力、带来了新方法。这种做法让师资队伍的结构更趋合理，也有利于教师队伍间的流动，将优秀的人才选拔出来，给予其教师岗普通高等学校"三全育人"研究位，从另一个侧面增强了思想政治教育的效果。

（四）评价方式的启示

在国外，学生无须参加思想政治理论课的考试，但学校仍然会对学生的思想道德素质和综合能力进行评价，采取定性和定量相结合的方式进行。对学生的评价不仅仅是课堂考试成绩，也要结合日常表现。日常表现的评定一般由同学、任课教师、家长、实习单位等几部分组成，每一部分都要结合实际情况给予客观的评价，并且承担相应的评价责任，最终给学生一个全面的评价。这样的评价方式更加科学、公平，摆脱了唯成绩决定论，也促进了学生素质的全面提升。

第二章　新时代高校“三全育人”的指导思想

邓小平理论、“三个代表”重要思想、科学发展观和党的十八大以来习近平系列讲话中有关思想政治教育理论，特别是有关高校“三全育人”教育理论与实践对高校思想政治理论课程建设指导思想等问题的思考和探索。党的十八大提出“把立德树人作为教育的根本任务”，有其重要的理论意义和现实针对性。“立德树人”要落实和体现在“培养学生社会责任感、创新精神、实践能力”之中，要实现“立德树人”和“培养学生社会责任感、创新精神、实践能力之间的密切结合和有机统一。

第一节　邓小平思想政治教育理论对高校“三全育人”的启示

邓小平思想政治教育理论，是邓小平理论的重要组成部分，也是中国共产党思想政治教育理论在现时代的新发展。这一理论深刻阐明，加强和改进思想政治教育是社会主义精神文明建设的基本内容，是培养社会主义“四有”新人的内在要求，是社会主义现代化建设不断发展的重要基础，也是全面推进中国特色社会主义事业发展的根本保证。深入研究和全面理解邓小平思想政治教育理论，不仅对于准确把握邓小平理论的精神实质和科学体系有着重要的意义，而且对于我们着力加强和改进的高校“三全育人”思想政治教育和思想政治工作同样有着重要的理论和实践指导意义。

一、邓小平思想政治教育的时代特色

从当代中国和世界发展的高度，从当今时代变化的高度，把握邓小平思想政治教育的新特点，这是邓小平思想政治教育理论的重要特色，也是邓小平思想政治教育理论的基本方法。

从20世纪70年代末到90年代初，邓小平对时代变化的新的认识，集中体现在三个方面：一是对世界经济、政治格局的变化及其特点的正确判断和准确把握。80年代初，邓小平根据当时世界政治、经济形势的新变化，敏锐地对时代主题的变化做出新的判断，提出“和平和发展是当代世界的两大问题”，是“现在世界上真正大的问题，带全球性的战略问题”。时代主题的变化，为我国社会主义现代化建设的发展提供了极为有利的时机，也从多方面提出了新时期“三全育人”思想政治教育的新要求。二是对十一届三中全会以来中国社会深刻变化的准确把握，这些变化集中体现在中国人民在改革开放中推进社会主义现代化建设的历史进程之中。这一进程中出现的经济、政治、文化发展的新情况、新特点，成为邓小平思想政治教育理论发展和创新的新基点。三是在对科学技术迅猛发展深刻认识的基础上，做出了“科学技术是第一生产力”的新判断，并探索了在这一背景下如何加强社会主义精神文明建设，提高人自身的思想政治和道德素质的新思路。

在对这三个方面问题的新认识中，邓小平对思想政治教育面临的新任务、新内容和新路径适时地做出探索。在总体上，邓小平的探索，集中于新时期思想政治教育的四个重大课题中。

第一，坚持以经济建设为中心，全面推进社会主义现代化事业的发展，必然要凝聚全国人民的力量，在全体人民中树立新的共同的理想信念。对此，邓小平提出，树立共同的理想信念，是我们事业发展的最大优势和根本保证，“过去我们党无论怎样弱小，无论遇到什么困难，一直有强大的战斗力，因为我们有马克思主义和共产主义的信念。有了共同的理想，也就有了铁的纪律。无论过去、现在和将来，这都是我们的真正优势”。在新时期，共同的理想和信念，必将建立在新的基础上，具有新的时代内涵。邓小平指出：“我们共产党人的最高理想是实现共产主义，在不同历史阶段又有代表那个阶段最广大人民利益的奋斗纲领。”现阶段，建设中国特色社会主义、实现社会主义现代化的宏伟目标，就是凝聚全国人民的共同的理想信念，这也就是现阶段思想政治教育的中心内容。

在今后一个很长的历史时期，我国将长期处于社会主义初级阶段，这是当代中国最大的国情和最大的实际。思想政治教育要从这个国情和实际出发。在社会主义初级阶段，经济成分和经济利益、社会生活方式、社会组织形式和收入分配形式的多样化，必然形成思想观念和意识形态上的多样化。社会主义初级阶段将长期面临着如何理解和处理多样化的社会存在的新特点，如何坚持社会主义思想观念和意识形态的主导地位，如何弘扬时代的主旋律，如何坚持用科学的世界观、人生观和价值观教育人民，以及在以经济建设为中心的社会发展时期，如何正确认识和处理经济与政治、经济发展与思想道德升华、经济增长与人的全面发展之间的关系等等问题，这些将是新时期思想政治教育长期面临的课题。

第二，在改革开放的条件下，在借鉴、吸收和利用资本主义社会中一切有益于、有利于社会主义的东西的过程中，也提出了如何树立“风险”意识，有效地、有力地抵御西方资产阶级意识形态侵蚀的新课题。邓小平指出：“我们坚定不移地实行对外开放政策，在平等互利的基础上积极扩大对外交流。同时，我们保持清醒的头脑，坚决抵制外来腐朽思想的侵蚀，决不允许资产阶级生活方式在我国泛滥。”为此，要大力加强爱国主义和社会主义的教育，要在我们的人民中间树立中华民族自尊心和自豪感；同时也要向世界庄严昭示：“任何外国不要指望中国做他们的附庸，不要指望中国会吞下损害我国利益的苦果。”这就从多方面深化了思想政治教育的内容，拓展了思想政治教育的新视界。

第三，面对 80 年代末世界政治格局的新变化，特别是面对世界范围内社会主义运动处于低潮的现实，我们的思想政治教育将长期面临西方敌对势力的挑战。针对当时西方一些发达国家对社会主义中国的“指责”“制裁”，邓小平特别提醒我们注意：“整个帝国主义西方世界企图使社会主义各国都放弃社会主义道路，最终纳入国际垄断资本的统治，纳入资本主义的轨道。现在我们要顶住这股逆流，旗帜要鲜明。”面对西方一些国家反对社会主义的新的“冷战”，我们一定要纠正忽视、轻视甚至放弃思想政治教育的“失误”，头脑清醒，旗帜鲜明，锐意创新，进一步增强思想政治教育的针对性和实效性。

20世纪90年代以来，经济全球化已经成为当今世界发展的一个不争的事实。经济全球化对于处在转型期的中国经济的发展有着重要的意义。

参与经济全球化，是当代中国经济实现跨越式发展的必然选择之一。但是，在现时代，支撑经济全球化的是以西方发达国家，特别是以美国为中心的世界经济体系，发达国家和发展中国家在这一经济体系中的地位是不平等的。同时，在经济全球化进程中，世界政治格局也发生了深刻的变化。西方一些发达国家极力利用经济全球化这一契机，把经济全球化等同于“西方化”，把“西方化”看成是“美国化”，推行政治制度的单极化或所谓的“一体化”。发达国家利用经济上的优势，强行推行政治制度的“趋同”，以此冲击发展中国家的国家主权、国家利益和国家安全。对于社会主义中国来说，必须清醒地认识到：“国家的主权、国家的安全要始终放在第一位”，“西方的一些国家拿什么人权、什么社会主义制度不合理不合法等做幌子，实际上是要损害我们的国权。”

世界经济和政治格局的这些变化，对思想政治教育提出了新的要求。对人的教育，一方面要使之能够了解和理解、并能适应和参与经济全球化过程，另一方面又要使之能够深刻理解世界经济和政治格局变化的性质及其趋势，能够冷静应对这一变化过程中可能出现的各种复杂的局面。从人的素质角度看，既要有现代科学技术、世界经济和管理等方面的知识和素质，也要有维护国家主权、国家利益和国家安全的政治素质，以及爱国主义、集体主义和社会主义的思想素质。在新时期，怎样把爱国主义、集体主义和社会主义教育作为素质教育的灵魂，越来越显著地提到了思想政治教育的重要位置。

第四，科学技术革命推动了社会生产力的发展，推动了人类物质文明的进步，同时也对精神文明的发展以及人自身的发展提出挑战，对思想政治教育提出新的要求。这些要求，集中体现在邓小平提出的培养社会主义“四有”新人的理论中。

邓小平指出：“过去很长一段时间，我们忽视了发展生产力，所以现在我们要特别注意建设物质文明。与此同时，还要建设社会主义的精神文明，最根本的是要使广大人民有共产主义的理想，有道德，有文化，守纪律。”他提出了“教育全国人民做到有理想、有道德、有文化、有纪律”的要求。“四有”既是相统一的，又是有层次的。从其统一性来看，它们是人的全面素质教育的综合反映，既包括科学文化素质教育，也包括思想政治和道德素质教育；从其层次性来看，又突出了思想政治教育的重要性，即突出了“有理想”“有纪律”的重要性。邓小平在谈到“四有”时指出：“这四条里面，理想和纪律特别重要。我们一定要经常教育我们的人民，尤其是我们的青年，要有理想。”他多次提到，“我们最强调的，是有理想”。理想是人们的事业和生活的精神支柱，是一定的世界观、政治观和人生观在人生奋斗目标上的集中体现。

面对这些新情况、新问题，邓小平不仅肯定了加强思想政治教育的重要性，而且还从发展和创新的视角，提出“现在我们已经看到存在不少问题，我们还会遇到许多现在预料不到的问题。为了完成这个任务，为了保证全党思想上行动上的一致，必须有效地加强和改善我们党的思想政治工作”。增强针对性、着眼有效性和掌握主动性，已成为加强和改进思想政治教育的突出问题。时代和任务不同了，思想政治教育中要学习的新知识确实很多，这就要求我们努力掌握马克思主义基本理论，密切联系社会发展的实际，使思想政治工作同其他工作一样，切实加强“原则性、系统性、预见性和创造性”。

二、邓小平思想政治教育的新内容

明确新时期思想政治教育的新任务，是邓小平在党的十一届三中全会后反复探索和思考的一个重要问题。新任务要通过新内容来体现和落实。时期思想政治教育内容丰富，但其最主要的内容还是世界观教育和政治观教育。结合新时期思想政治教育的实际，邓小平对世界观和政治观教育赋予新的含义，提出新的要求。

世界观教育是思想政治教育的根本。世界观教育的核心就是学习和掌握马克思主义基本原理，树立马克思主义的科学世界观。针对新时期的新情况，邓小平提到："或者会有同志问：现在我们是在建设，最需要学专业知识和管理知识，学马克思主义理论有什么实际意义？同志们，这是一种误解。马克思主义理论从来不是教条，而是行动的指南。它要求人们根据它的基本原则和基本方法，不断结合变化着的实际，探索解决新问题的答案，从而也发展马克思主义理论本身。"建设中国特色社会主义，"更要求我们努力针对新的实际，掌握马克思主义基本理论"。

世界观教育最终要落实在为谁服务的问题上。全心全意为人民服务是中国共产党人的宗旨，也是新时期思想政治教育的根本。邓小平认为，一个人，能够爱我们的社会主义祖国，自觉自愿地为社会主义服务，为广大人民群众服务，这就是他已经初步树立起科学的世界观的重要标志。

政治观教育是思想政治教育的保证。80 年代中期，邓小平就曾指出："改革，现代化科学技术，加上我们讲政治，威力就大多了。到什么时候都得讲政治"。结合新时期的特点和任务，邓小平提出的政治观教育的基本内容主要是：党的基本路线教育；爱国主义和社会主义教育；形势与政策教育。

邓小平十分重视党的基本路线教育的重要意义。党的基本路线是建设中国特色社会主义的生命线。进行党的基本路线教育，要始终抓住党的基本路线的核心内容，即"一个中心、两个基本点"不动摇。坚持以经济建设为中心不动摇，是坚持党的基本路线不动摇的关键。邓小平在 20 世纪 80 年代初就明确指出："我们全党全民要把这个雄心壮志牢固地树立起来，扭着不放，'顽固'一点，毫不动摇。"同时，也要把坚持四项基本原则和坚持改革开放结合起来，使"两个基本点"同"一个中心"真正地统一于建设中国特色社会主义的伟大实践。如邓小平在 1992 年视察南方讲话中所指出的："要坚持党的十一届三中全会以来的路线、方针、政策，关键是坚持'一个中心、两个基本点'。不坚持社会主义，不改革开放，不发展经济，不改善人民生活，只能是死路一条。基本路线要管一百年，动摇不得。"

进行党的基本路线教育，还要全面地理解党的基本路线的整体内容，即除了"一个中心、两个基本点"的核心内容外，还应该准确把握其他方面的内容，其中主要有：第一，走中国特色社会主义道路的领导力量和依靠力量问题。加强和改善党的领导，进一步把党建设好，是走中国特色社会主义道路的关键所在。广大人民是建设中国特色社会主义事业的取之不尽的力量源泉，也是保证中国特色社会主义道路不断胜利推进的根本保证。第二，弘扬优良传统，增强全民族的凝聚力问题。“自力更生”“艰苦创业”不仅是社会主义建设的优良传统的一种概括，也是对我们民族精神的一种概括。自力更生、艰苦创业的精神是我们民族精神的重要内容，培育和弘扬民族精神对建设中国特色社会主义有着极其重要的意义。有没有高昂的民族精神，已成为衡量一个国家综合国力强弱的重要尺度之一。第三，全面把握中国特色社会主义的奋斗目标。党的基本路线所确定的奋斗目标，包含了社会主义经济、政治和文化建设等方面内容的统一，包含了社会主义物质文明、政治文明和精神文明的协调发展。

党的基本路线同我们党在改革开放和社会主义现代化建设中逐步形成的基本理论、基本纲领和基本经验一起，构成新时期思想政治教育的重要内容；同时，新时期思想政治教育又必须服从于、服务于党的基本路线和基本理论、基本纲领、基本经验。通过思想政治教育，要把全党和全国人民的思想和行动统一到这四个“基本”上来，这是走中国特色社会主义道路的最可宝贵的经验，也是全面建设小康社会必须继续加强的思想政治教育的最基本的内容。

爱国主义和社会主义教育，就是弘扬时代主旋律的教育。这里需要说明的是，集体主义也是时代主旋律的主要内容之一。集体主义通常被看作是社会主义道德观的核心，但在根本上，它也是政治观的具体体现。例如，在集体主义原则中，关于要从国家和人民的根本利益出发的观点，关于国家利益、集体利益高于个人利益的观点，无不是以一定的政治观为根本前提的。新时期以爱国主义和社会主义为主题的政治观教育，实际上内在地包含了集体主义价值观和道德观的教育。

弘扬爱国主义精神，高举爱国主义旗帜，是邓小平关于新时期政治观教育的重要内容之一。在新的历史条件下，邓小平十分注重爱国主义教育中提高民族自豪感、自信心和自尊心，以及增强民族自强精神和维护民族尊严等方面教育的重要性。这实际上也是爱国主义教育和社会主义教育融为一体的现实基础。在当代中国，爱国主义和社会主义在根本上是一致的，中国特色社会主义是新时期爱国主义的主题，爱国主义和社会主义统一于中国特色社会主义的伟大实践。邓小平指出:“必须发扬爱国主义精神，提高民族自尊心和民族自信心。否则我们就不可能建设社会主义，就会被种种资本主义势力所侵蚀腐化。”要教育全体人民，树立民族自尊心和民族自豪感，以热爱祖国，以建设社会主义祖国为最大光荣，以损害社会主义祖国利益、尊严和荣誉为最大耻辱。针对改革开放中的新情况，邓小平强调指出：“绝不允许把我们学习资本主义社会的某些技术和某些管理的经验，变成了崇拜资本主义外国，受资本主义腐蚀，丧失社会主义中国的民族自豪感和民族自信心。”

进行政治观教育，绝不是单纯的政治理论上的“说教”。政治观教育一定要联系实际，要有说服力，例如，对社会风气中存在的问题，邓小平认为,“要经过充分调查研究，由适当的人进行周到细致、有充分说服力的教育，简单片面武断的说法是不行的”。政治观教育也一定要同群众关心的实际问题联系起来，其中要突出形势与政策教育的重要作用。邓小平认为,“各级领导一定要经常据实讲解，告诉大家客观的情况以及党和政府所做的努力，并且对群众所反映的不合理现象及时纠正”。通过联系实际、紧扣群众关心的时事和政策问题的教育，“群众从事实上感觉到党和社会主义好，这样，理想纪律教育，共产主义思想教育和爱国主义教育，才会有效”。这些对我们在全面建设小康社会时期进一步完善和发展思想政治教育的新内容有着重要的指导意义。

三、邓小平思想政治教育的路径探索

邓小平思想政治教育理论不仅具有强烈的时代感，具有严整的科学性，而且还具有显著的针对性和实效性。在新的实践中，邓小平不断探索包括方法、环节、途径、机制等方面在内的新路径。概括地说，大体包括以下几个方面。

第一，改善党的领导，切实加强思想政治教育和思想政治工作。

改善党的领导是新时期党的建设的重要任务。邓小平认为:“我们说改善党的领导，其中最主要的，就是加强思想政治工作。”这样提出问题，既强调了思想政治教育和思想政治工作在党的整体工作中的重要地位，又突出了加强和改进党对思想政治教育和思想政治工作领导的重要意义。邓小平认为，党的领导工作一要掌握方针政策，二要决定重要干部的使用，三要做好思想政治工作。他强调，党的领导机关“要腾出主要的时间和精力来做思想政治工作，做人的工作，做群众工作。如果一时还不能完全做到这一点，至少也必须把思想政治工作放在重要地位上，否则党的领导既不可能改善，也不可能加强”。

加强思想政治教育，也是坚持和加强党的领导的根本大计。90年代初，在提到怎样应对“帝国主义搞和平演变，把希望寄托在我们以后的几代人身上”的问题时，邓小平提出：“要把我们的军队教育好，把我们的专政机构教育好，把共产党员教育好，把人民和青年教育好。中国要出问题，还是出在共产党内部。对这个问题要清醒”。搞好“教育”，这里首先就是思想政治教育，特别是党内的思想政治教育，对于坚持和加强党的领导有着特殊重要的意义。

加强党对思想政治教育和思想政治工作的领导，还表现在重视思想政治工作队伍建设上。邓小平多次提出：“思想政治工作和思想政治工作队伍都必须大大加强，决不能削弱。”

正是在这些意义上，思想政治教育的成败成为衡量我们工作得失的极其重要的方面。80年代末，邓小平在对改革开放和现代化建设十年教训进行总结时，谈了两个基本的观点：一是在谈到80年代“失误”的教训时，邓小平明确地指出：“十年最大的失误是教育，这里我主要是讲思想政治教育，不单纯是对学校、青年学生，是泛指对人民的教育。对于艰苦创业，对于中国是个什么样的国家，将要变成一个什么样的国家，这种教育都很少，这是我们很大的失误。”邓小平的这一概括，不仅说明思想政治教育得失在社会主义现代化建设成败中的重要性；而且这也是一种警示，联系当时发生在北京的那场政治风波，联系其后的世界社会主义运动的严重挫折，这一“失误”给我们的教训是永远不应该忘却的。二是十年的“失误”不只在思想政治教育上，也在经济发展的某些问题上，例如在经济的“过热”、在通货膨胀上，也有一定的“失误”；但从“失误”的严重后果来看，邓小平认为，经过冷静思考，思想政治教育方面的“失误”，“比通货膨胀等问题更大”。邓小平的这一思想是永远值得我们深思的。

第二，要同群众关心的问题，特别要同群众的切身利益结合起来。

针对各种脱离群众、对群众疾苦不闻不问的错误倾向，邓小平指出：“群众是我们力量的源泉，群众路线和群众观点是我们的传家宝。”思想政治教育必须始终坚持群众路线和群众观点。一方面，思想政治教育要建立在依靠群众和相信群众的基础之上，特别是“要把国家的形势和困难、党的工作和政策经常真实地告诉群众”；另一方面，也要使思想政治教育同解决群众的困难和实际问题结合起来，“一定要努力帮助群众解决一切能够解决的困难。暂时无法解决的问题，要耐心恳切地向群众解释清楚”。改革开放中，肯定会出现一些涉及群众切身利益的新情况和新问题，邓小平特别提到，生产关系和上层建筑的改革，不会是一帆风顺的，它涉及的面很广，涉及一大批人的切身利益，一定会出现各种各样的复杂情况，一定会遇到各种各样的障碍。“对此我们必须有足够的思想准备。要教育党员和群众以大局为重，以党和国家的整体利益为重。”

第三，思想政治教育要有针对性、分层次性。

邓小平历来提倡，要分析当前的思想状况，有针对性地讲问题，进行教育和再教育。有针对性，来自对实际的思想状况的准确把握；有针对性，也在于反复讲、耐心讲、深入讲，“决不能希望用三言两语的命令解决问题”。思想政治教育的分层次性，是同思想政治教育的针对性联系在一起的，也是思想政治教育的基本方法之一。分层次性，主要在两个方面：

一是根据对象的不同成长阶段，提出不同的思想政治教育的目标和要求。在提到对青少年进行思想政治教育时，邓小平提出了根据青少年成长的不同阶段施行思想政治教育的问题：首先，对青少年要进行“勤奋学习、遵守纪律、热爱劳动、助人为乐、艰苦奋斗、英勇对敌的革命风尚”的教育；其次，在他们的不断成长中，进一步加强“忠于社会主义祖国、忠于无产阶级革命事业、忠于马克思列宁主义毛泽东思想”的教育；然后，在他们走上工作岗位后，再进一步加强思想政治教育，使之“成为有很高的政治责任心和集体主义精神，有坚定的革命思想和实事求是、群众路线的工作作风，严守纪律，专心致志地为人民积极工作的劳动者”。思想政治教育的实际一再地证明，根据对象不同的成长阶段，提出相应的教育目标和要求，是加强思想政治教育针对性、实效性和主动性的根本途径和主要方法。

二是根据对象的不同群体，提出相应的思想政治教育的目标和要求，这也是思想政治教育的差异性问题。承认教育对象的差异性，并且根据这种差异，更有效地加强思想政治教育，不仅符合教育对象的实际，符合思想政治教育的规律，而且也是思想政治教育的一种辩证的、可行的方法。邓小平就此指出：“我们在鼓励帮助每个人勤奋努力的同时，仍然不能不承认各个人在成长过程中所表现出来的才能和品德的差异，并且按照这种差异给以区别对待，尽可能使每个人按不同的条件向社会主义和共产主义的总目标前进。”

第四，坚持正确理论导向，反对错误思潮和错误倾向。

坚持正确的理论导向是思想政治教育的基本的，也是根本的要求。正确的理论导向集中于坚持四项基本原则之中。邓小平一再告诫，“必须反复强调坚持这四项基本原则”；他特别提到：“每个共产党员，更不必说每个党的思想理论工作者，决不允许在这个根本立场上有丝毫动摇。”有一个时期，在宣传思想教育上的“严重缺点”，主要就是“没有积极主动、理直气壮而又有说服力地宣传四项基本原则，对一些反对四项基本原则的严重错误思想没有进行有力的斗争”。坚持正确的理论导向，必须旗帜鲜明地反对各种错误思潮和错误倾向。

对待思想政治教育中遇到的错误思潮和错误倾向，邓小平曾经提出过两个“坚决”和三个“坚持”的对策，即对有害于人们思想的坏的精神产品的生产、进口和流传要“坚决制止”，对资产阶级自由化的观点一定要“坚决反对”；在思想政治教育上，要“坚持”“双百”方针、“坚持”宪法和法律所保障的各项自由、“坚持”对思想上的不正确倾向以说服教育为主的方针。两个“坚决”和三个“坚持”，既是改革开放中思想政治教育的经验总结，也是社会主义初级阶段在思想政治教育中如何处理各种错误思潮和错误倾向的基本对策。

第五，要十分注重用历史教育青年、教育人民。

用历史为教材，加强和改进思想政治教育，要在两个方面下功夫：一方面，要注重用历史的事实，作为思想政治教育的生动材料，1987 年初邓小平多次谈到这个问题。他在提到“加强思想政治工作、说服教育工作”时，回溯鸦片战争以来近一个半世纪的中国历史，深刻地指出：“这个历史告诉我们，中国走资本主义道路不行，中国除了走社会主义道路没有别的路可走。”他告诫我们：“了解自己的历史很重要。青年人不了解这些历史，我们要用历史教育青年，教育人民。”另一方面，要注意发掘历史上思想政治教育的成功经验，推进现在的思想政治教育。1981 年 9 月，邓小平在会见日本客人时曾提到：在“文化大革命”以前，我们的精神面貌、道德风尚是很好的，人民有理想、有奔头，着眼于更远的目标，照顾整个国家、整个社会，照顾左邻右舍。显然，这些好的风尚和风气，与当时有效的思想政治教育有着密切的关系。在这一方面，邓小平特别赞赏“延安精神”。他多次提到：我们在延安非常困难的情况下，大家过得非常愉快，什么困难也压不倒我们。我们把它叫“延安精神”。他明确地提出：“我们一定要宣传、恢复和发扬延安精神，解放初期的精神，以及六十年代初期克服困难的精神。我们首先要自己坚定信心，然后才能教育和团结群众提高信心。”在社会主义现代化建设新时期，如何发扬党的思想政治教育的优良传统，如何使这些优良传统勃发出新的活力，这是在新的世纪加强和改进思想政治教育的重大课题。

第六，全社会都来支持和关心思想政治教育。

毛泽东在《关于正确处理人民内部矛盾的问题》中曾经指出：“思想政治工作，各个部门都要负责任。共产党应该管，青年团应该管，政府主管部门应该管，学校的校长教师更应该管。”邓小平不仅十分赞成这一观点，而且还根据新的情况进一步指出：“我们希望从事教育工作的同志，各个有关部门的同志，整个社会的家家户户，都来关心青少年思想政治的进步”。他还要求，“学校的党团组织和所有的教员都要做学生的政治思想工作”。

邓小平对新时期思想政治教育新路径的探讨表明，思想政治教育是一个系统工程，它的系统性集中表现在以下四个方面：思想政治教育目标和任务相统一，集中体现中国特色社会主义的本质需要和人的全面发展的内在需要；思想政治教育内容和要求相统一，充分体现思想政治教育实施过程的科学性、针对性和层次性；思想政治教育方法和途径相统一，形成机制健全、功能完善、效率较高的思想政治教育体制；思想政治教育工作者使用和培养相统一，形成思想政治教育的可持续发展。

第二节　江泽民世纪之交思想政治教育理论对高校“三全教育”的启示

面对世纪之交我国教育特别是高等教育改革和发展的实际，以江泽民为主要代表的党中央旗帜鲜明地提出要“更加重视德育”，即要更加重视思想、政治和品德教育，这是具有战略眼光的一着。从“更加重视德育”切入，在“三个代表”重要思想形成和发展过程中，江泽民在世纪之交提出了思想政治教育特别是高校思想政治教育的一系列重要理论。

一、世纪之交高等教育要“更加重视德育”

世纪之交，教育特别是高等教育为什么要“更加重视德育”、如何“更加重视德育”的问题引起广泛关注。以江泽民为主要代表的党中央提出的“更加重视德育”及其实施，对我国高等教育的振兴，对高层次创新人才的培养，产生了现实的和深远的影响。

第一，提出“更加重视德育”有重要的现实意义，也有很强的针对性。

办社会主义高等教育要重视德育，是我们党和国家一以贯之的教育方针和办学指导思想。在新时期，重视政治、思想和品德教育，也是邓小平教育理论的重要内容。1978 年 4 月，在全国教育工作会议的讲话中，邓小平就明确地提出：“毫无疑问，学校应该永远把坚定正确的政治方向放在第一位。”之后，他多次强调，在学校德育方面，“要加强各级学校的政治教育、形势教育、思想教育，包括人生观教育、道德教育”。他提出的“四有”新人，突出了有理想、有道德、有纪律等德育方面的要求。他也十分注重思想、政治和品德教育在评价教育成效中的重要地位。20 世纪 80 年代末，他在评价之前十年的工作时认为，这十年最大的失误是教育，而教育上的失误，主要在于对学生的思想政治教育不够、思想政治工作的薄弱等。重视思想、政治和品德教育，是贯彻执行党和国家教育方针的重要内容，是社会主义高等教育发展的具有战略意义的任务。

世纪之交，强调“更加重视德育”，是有重要的现实意义的，是有很强的针对性的。审视当今世界和国内经济、政治、文化发展的新趋势和新特点，不难发现，高校德育正面临着一系列新问题、新情况，也提出了一些亟待解决的新的历史性课题，其中主要有：第一，新技术革命浪潮的兴起，以及由此引发的社会生产力的巨大变化，在极大地增加社会物质财富、改变人们生活质量的同时，也易于产生崇尚物质力量、轻视思想力量，追逐物质创造、蔑视品德修养的导向。这种导向，尽管不是由科学技术发展本身造成的，但由此却引出了新科学技术革命条件下，如何更加重视德育的新课题。第二，对外开放是我国的一项基本国策，它不仅推进了社会主义经济建设的发展，而且也开阔了我国高等教育发展的思路和视野。但是，在这一过程中，也存在着资本主义的腐朽的、反动的思想，包括西方的政治观点、人生哲学和腐朽的生活方式，通过各种渠道渗透进来，从而对高校德育提出了在对外开放不断扩大的条件下，如何抵制西方腐朽反动思想的侵蚀和反对“西化”“分化”的新课题。第三，在以经济建设为中心的社会发展时期，如何正确认识和处理经济发展和思想品德升华、经济增长和人的全面发展之间的关系，势必成为怎样估价这一时期德育地位和作用的新课题。第四，社会主义初级阶段多种经济成分和多种分配方式的存在及发展，必然产生相应的政治、思想和道德观念，这就提出了如何坚持社会主义意识形态的主导地位，坚持用科学的世界观、人生观和价值观教育大学生的新课题。第五，社会主义市场经济体制的建立和发展，既对我国的经济生活产生了巨大影响，也对政治生活、文化生活、精神生活产生了广泛而深刻的影响；既为高等教育的发展提供了新的基点，也对高校如何在德育工作中形成有利于社会主义现代化建设的共同理想、价值观念和道德规范提出了新课题。总之，世纪之交提出更加重视德育的问题，对高校高层次人才的培养，对高等教育事业向21世纪的全面推进，是有重要的现实意义和深远的历史意义的。

第二，按“四个统一”的要求，拓宽“更加重视德育”的视界。

作为培养高层次人才的内容和任务，“更加重视德育”必然体现和落实在高层次人才培养的各个环节和整个过程中。1998年5月，江泽民在庆祝北京大学建校一百周年大会的讲话中，向大学生和各界青年提出四个“统一”的要求，这就是：坚持学习科学文化与加强思想修养的统一、坚持学习书本知识与投身社会实践的统一、坚持实现自身价值与服务祖国人民的统一、坚持树立远大理想与进行艰苦奋斗的统一。这四个“统一”，集中阐述了新时代高层次人才培养中德育的主要内容和新的要求，突出展示了思想、政治和品德教育的落实环节和实现过程。

首先，要从学习科学文化与加强思想修养的关系上，认识德育在大学生成长、成才中的重要地位。大学生成长和成才，既要重视科学文化知识的学习，也要努力提高思想道德修养，实现业务与政治、为学与为人的统一。当前，在科学技术革命和我国经济、社会迅速发展的形势下，大学生学习科学文化知识的热情空前高涨，这对推进我国未来经济和科技的发展有着重要的意义，这无疑是应该受到鼓励的。但同时，大学生中也存在着轻视和放松思想道德修养的倾向，出现了思想道德素质滞后，思想道德修养和科学文化知识不能协调发展的现象，这显然不利于我国未来经济和社会的发展，这无疑应该引起高度重视。正是在这一意义上，江泽民强调，没有好的思想品德，是不可能把学到的知识真正奉献给祖国和人民的，将来也难以大有作为；因此，“青年时期注重思想修养，陶冶情操，努力树立正确的世界观、人生观、价值观，对自己一生的奋斗和成就将会产生长远而巨大的作用”。大学生活接受的思想、政治和品德教育，将成为大学生一生事业成就的基础。

其次，要从学习书本知识与投身社会实践的关系上，认识思想品德修养和品格意志的锤炼，是大学生立足社会的基础。大学生既要重视书本知识的学习，又要注重社会实践、投身社会实践，努力实现知与行、理论与实践的统一。大学生要立志到祖国和人民最需要的地方去，到条件艰苦的地方去，磨炼意志，砥砺品格，把学到的知识用于实践，在实践中继续学习提高。思想的升华、政治的坚定、品德的修养，不仅体现在大学的学习生活中，而且更体现在走向社会的工作实践之中。

再次，要从实现个人价值与服务祖国人民的关系上，认识对当代大学生进行德育的新要求和新内容。当代社会的发展，大学生注重个人价值的实现，是无可厚非的。但同时，应该通过德育，让大学生懂得，个人价值的实现要同为祖国和人民服务相结合、相统一；只有在为祖国、为人民服务中实现的个人价值，才是最有意义的，才是人生价值的最辉煌的实现。如江泽民所指出的：“个人的抱负不可能孤立地实现，只有把它同时代和人民的要求紧密结合起来，用自己的知识和本领为祖国为人民服务，才能使自身价值得到充分实现”。

最后，要从实现远大理想与坚持艰苦奋斗的关系上，认识理想教育和国情教育在大学生成长、成才中的重要作用。通过德育，既要帮助大学生树立为建设有中国特色社会主义奋斗的远大理想，又要使大学生更多地了解中国的国情，特别是我国社会主义初级阶段的实际，充分认识到远大理想的实现，要经历长期的艰苦奋斗，“历史的胜利与成功，永远属于具有崇高理想、坚定信念的艰苦奋斗的人们”。

这四个“统一”，对我们认识面向新世纪为什么要更加重视德育，进而怎样在德育实施中力求取得更大实效，是有重要的指导意义的。

第三，“更加重视德育”要在三个“坚持”上下功夫。

面向新世纪，强调更加重视德育，也是为了纠正一定范围和相当程度上存在的轻视德育的现象，克服德育中的薄弱环节，切实加强和改进德育，充分发挥德育在大学生健康成长和学校工作中的导向、动力和保证作用。因此，更加重视德育，不能只停留在口头上，也不能只停留在原有的认识水平和工作习惯上，要面对新情况、新问题，勇于探索，勇于开拓，形成高校德育的新思路。

从总体上看，面向新世纪，重视高校德育，首先要在三个“坚持”上下功夫。

一是坚持用马列主义、毛泽东思想，特别是邓小平理论教育和武装广大学生。要抓住思想政治理论课程教学主渠道，做好邓小平理论“进教材、进课堂、进学生头脑”的工作。通过理论学习，要求大学生深入地理解：邓小平理论是指导中国人民在改革开放中胜利实现社会主义现代化的正确理论；邓小平理论是马克思主义同当代中国实践和时代特征相结合的科学理论；邓小平理论是当代中国的马克思主义，是马克思主义在中国发展的新阶段。深刻理解这些论断的内涵，不仅要深入学习邓小平理论本身，而且还要深入学习马克思主义基本原理，搞清马克思主义同中国实际相结合的历史过程和理论成果，理解邓小平理论同马列主义、毛泽东思想之间继承、坚持和发展、创新的辩证关系。同时，还要采取课堂内和课堂外、校内学习和社会考察相结合的方式，大力组织好邓小平理论的学习、宣传和研究。

二是坚持倡导正确的世界观、人生观、价值观，这既应该是德育的基本内容，也应该是德育在大学生思想和行动上落实和贯彻的集中体现。在这一过程中，也要注意提高大学生分辨和分析各种错误的政治理论、思想文化思潮的能力，引导大学生自觉抵制各种腐朽思想、道德的侵蚀。

三是坚持把爱国主义、集体主义、社会主义思想的教育搞得更加生动、扎实、有效。

提出这三个“坚持”，并从指导思想上明确这三个“坚持”的主要内容及其在思想、政治和品德教育中的地位和作用，对提高高校德育水平和实效，是有重要的指导意义的。

第四，更加重视德育要着力于五个环节，突出教师的育德育人作用。

从德育的内容和方式来说，当前，应该十分注意在五个环节上着手、着力。这五个环节就是：一是要不断加强和改进日常的品德教育，在教育的实效上下功夫，特别要在大学生中，进一步弘扬中华民族的美德和党的优良传统、树立爱国奉献精神、培养社会主义道德，努力把大学牛培养成为有理想、有道德、有文化、有纪律的社会主义事业建设者和接班人。二是要加强校园文化建设。近年来，积极、健康的校园文化，已经成为高校德育的有效途径和有力载体。重视校园文化建设，应该成为高校德育的重要环节。三是要切实加强形势与政策教育。正确认识国际和国内形势，准确把握党和国家的各项方针、政策，是当代大学生成长、成才的重要方面，也是高校德育的经常性工作之一。四是要高度重视教育与生产劳动相结合，教育学生正确认识与劳动人民的关系，增强与劳动人民的感情，走与劳动人民相结合的道路。五是要加强大学生心理素质和心理健康的教育。要着重在心理健康知识、个性心理品质和心理调适能力培养等方面，加强大学生的心理健康教育，切实提高大学生的心理素质。这里提到的五个环节，深化了德育的内涵，拓展了搞好德育的视野。这里论及的五个环节，也在很大程度上纠正了一个时期以来，在德育的内容和方式理解上的某些偏误。例如，关于弘扬党的优良传统的问题、关于走与劳动人民相结合的道路的问题、关于心理素质与心理健康教育问题等，都明确地纳入了德育实施的范围。

更加重视德育，还要突出高校教师作为“人类灵魂工程师”的重要作用。在德育中，教师应该成为大学生的良师益友，当好学生健康成长的指导者和引路人；教师应该处处以身作则，用自己的好思想、好品德、好作风为学生树立学习的榜样；教师特别是青年教师应该自觉地学习马克思主义，自觉地提高自身的政治理论水平和道德修养。教书育德、教书育人是高校教师的光荣而崇高的职责。

二、关于重视高校思想政治教育的谈话

江泽民在2000年2月1日发表的关于教育问题的重要谈话，就其着力点而言，主要是从横向上对学校思想政治教育工作的重要性展开论述。江泽民的这次“谈话”，是由基础教育中的三个案例引发的，但涉及的却是教育发展的全局问题。江

泽民从国运兴衰、民族复兴的高度，对教育的性质、任务、方针和方向作了深刻的阐述。

江泽民“谈话”的切入点，直接针对当时学校工作中存在的知识教育和学校设施建设“抓得比较紧”，对学生的思想道德、纪律法制教育等方面“抓得比较松”的现象。这一“紧”一“松”，实际上就是“两手抓”中一手硬、一手软的现象在学校工作中的反映。针对这种现象，江泽民发表了自己的看法和见解，鲜明地提出了“教育是一个系统工程”的重要思想。

理解江泽民“谈话”的精神，关键是全面理解教育作为“系统工程”的含义。其中主要涵盖三个层面的内容：

首先是教育内容的系统性。任何系统工程构建和运行的基础，就在于内容的系统性。在教育内容的系统性上，“谈话”提出教育应该全面地包括文化知识教育和思想政治教育、品德教育、纪律教育、法制教育、心理健康教育等方面。在“谈话”中，江泽民强调了思想政治教育、品德教育等方面的重要性，这些就是我们通常所讲的德育的内容。江泽民在这里强调的文化知识教育和德育两个基本的内容，同他在全国教育工作会议上对素质内涵理解中强调的科学文化素质和思想道德素质是一脉相承的。不能把握教育内容的系统性，就不可能有教育整个系统工程的健康运作和可持续发展。应该看到，在“谈话”中，江泽民从“不仅要加强对学生的文化知识教育，而且要切实加强对学生的思想政治教育、品德教育、纪律教育、法制教育”切入，具有很强的针对性。但在对“谈话”精神的宣传和研究中，对教育内容系统性的关注是远远不够的。当前，我们应该深入地从教育内容的系统性的全面理解和切实贯彻上，进一步推进高校思想政治教育工作。

其次是教育过程的系统性。系统工程内容的系统性决定了过程的系统性。在这一方面，江泽民主要强调了三个重要的思想。第一，小学、中学、大学教育过程的系统性。例如，在思想政治教育上，如何根据学生不同成长阶段的特点，有针对性地推进小学、中学和大学期间的德育，以此提高学生的思想政治素质教育的实效性。这是当前学校德育工作的一项重大课题，也是我们思考高校思想政治教育的根本之点。第二，学校教育和社会教育过程的系统性。这里所说的教育，大多是学生在学校期间的教育，对高校的思想政治教育大多也限于在校期间的教育。应该看到，学生的成长、成才，更多的是在他们走向社会以后，在社会上进一步接受教育的结果,“人才的成长最终要在社会的伟大实践和自身的不断努力中来实现。这也许就是我们讲的终身教育的本意。随着社会、经济和科技的飞速发展，学校对学生所进行的知识教育不可能是完整无缺的，更不可能是终生够用的。但是，学校对学生进行的能力和素质的教育，则可能使学生终身受益。因此，我们要深入研究学校教育怎样为学生走向社会进行自我教育提供必备的能力和素质，其中包括学生走出校门自立于社会所需要的不断加强自我思想政治素质和品德修养的能力。第三，学生素质和教师自身素质提高的系统性。江泽民在“谈话”中反复强调，在素质教育中，教师应该自觉地提高自身的素质，教师“不仅要教好书，还要育好人，各个方面都要为人师表”。实现素质教育的目标，关键之一在于教师自身的素质。提高教师自身的素质是推进素质教育的基础工程。我们在谈到高校“两课,，教育教学问题时总是强调：各级领导是否重视思想政治理论课程教育教学，就看他们是否重视思想政治理论课程教师；是否落实了思想政治理论课程教育教学的各项政策，就看这些政策是否落实在教师身上。教师是推进思想政治理论课程教育教学的关键。进而言之，整个素质教育、整个思想政治教育和德育，关键也在教师。这也是邓小平教育理论的重要内容之一。十一届三中全会以后，邓小平有一个时期主抓教育。他多次提出，推进社会主义教育事业发展的关键在教师。江泽民在“谈话”中，深入地分析了学生素质教育和教师自身素质在整个教育过程中的辩证关系。21世纪中国高等教育发展能否坚持社会主义的办学方向，能否培养出高层次的社会主义事业的建设者和接班人，关键就在于能否造就一支在思想政治上、道德品质上、学识学风上全面以身作则的高校教师队伍。

最后是教育环境的系统性。要把学校教育同家庭教育、社会教育紧密地结合起来，把这些方面作为一个系统工程来看待和运作。环境的系统性是建立在内容的系统性和过程的系统性的基础上的。环境的系统性不能脱离内容的系统性，内容的系统性决定了环境的系统性。这是因为，无论是文化知识教育，还是思想政治教育、品德教育、纪律教育、法制教育和心理健康教育，都需要家庭、社会和学校结合起来去做。特别是在思想政治教育上，家庭小环境和社会大环境，有着更重要的影响和作用，对此，“不仅教育部门要做，宣传思想部门、政法部门以及其他部门都要做，全党全社会都要来做”。

江泽民对“教育是一个系统工程”的深刻论述，实际上向我们提出了四个关于教育改革和发展的重大问题。这就是：如何全面准确地贯彻执行党的教育方针；如何进一步加强和改进学校的思想政治工作和德育工作；如何提高教师队伍素质，进一步发挥教师在社会主义教育事业发展中的关键作用；如何为学生的健康成长提供良好的社会氛围。这四个问题，江泽民在“谈话”中已经作了重要阐述，现在的问题是如何结合 21 世纪教育改革与发展的新形势，付诸工作实际，特别是思想政治教育工作实际。

总之，江泽民关于教育问题的两次重要讲话，对我们理解高校思想政治教育工作有着重要的指导意义。在研究和形成 21 世纪高校思想政治教育的新思路时，首先就要以江泽民在第三次全国教育工作会议上的讲话和关于教育问题的谈话的精神为理论指南，密切结合当前我国高等教育教学改革与发展的实际，不断提高我们的认识。这里不仅包括提高从事高校思想政治教育工作者的认识，而且更重要的是要提高各级领导的认识，提高从事学校各级管理工作的干部和所有教师的认识，同时也要不失时机地向全社会作广泛深入的宣传和引导。

三、全国教育工作会议对思想政治教育论述

科学地认识高校思想政治教育的地位和作用，是新世纪加强和改进高校思想政治教育、高质量地实施思想政治理论课程设置新方案的一件大事，也是全面推进素质教育、促进高等教育改革与发展的一件大事。

在 2000 年 6 月召开的中央思想政治工作会议上，江泽民站在我们党面向新世纪进一步推进建设有中国特色社会主义事业不断前进的战略高度，对新时期思想政治工作作了明确的、科学的定位。这个定位，可以概括为三句话：一是思想政

治工作是经济工作和其他一切工作的生命线；二是思想政治工作是团结全党和全国各族人民实现党和国家各项任务的中心环节；三是思想政治工作是我们党和国家重要的政治优势。在这里，江泽民从“生命线”“中心环节”和“重要优势”三个主要的方面进行的科学概括，是对马克思主义思想政治教育理论的新的发展。对于高校思想政治教育工作者来说，要思考的是怎样根据江泽民所做的科学定位，密切结合高校工作的实际，重新认识高校思想政治教育的地位和作用。

在走向新世纪之际，江泽民对学校思想政治教育工作做出了一系列重要论述。这些重要论述，在江泽民的两次讲话中得到最为集中和最为充分的体现，一次是1999年6月在第三次全国教育工作会议开幕式上的讲话，一次是2000年2月1日关于教育问题的谈话。这两次讲话，一次主要是对学校的思想政治教育作了纵向深入的论述，一次主要是对学校的思想政治教育作了横向展开的论述。两次讲话结合在一起所形成的完整理论，是21世纪高校思想政治教育的理论指南。

在第三次全国教育工作会议上，江泽民谈到学校思想政治教育时，有三个基本观点具有特别重要的现实指导意义。

第一，从增强我国综合国力的高度，深刻认识学校思想政治教育的新任务和新要求。在讲话中，江泽民再次提到综合国力这个概念，认为综合国力不仅包括经济实力、国防实力，而且还包括民族凝聚力。在当代中国，民族凝聚力同样是理解和衡量综合国力的重要组成部分。近年来，我国经济和社会发展的现实深刻地证明了这一点。1998年和1999年，我们不仅靠改革开放以来迅速建立起来的强大的物质基础，而且还依靠强大的民族凝聚力，战胜了百年罕见的自然灾害；同时，面对东南亚金融危机的严重冲击，我们同样依靠经济发展的物质基础和民族凝聚力的精神支柱经受了严峻的考验；1999年5月8日，面对以美国为首的北约轰炸我驻南使馆这样重大的政治、外交事件和严重的军事威胁，我们同样经受住了考验。这里，应该说，强大的民族凝聚力起着极为重要的保证作用，发挥着强大的支撑力量。我们应该深刻地认识到，在当代世界经济格局和政治格局的大背景下，像中国这样一个发展中的社会主义国家，要求得经济、政治、社会和科技、教育、文化的进一步发展，要真正自立于世界民族之林，在一个相当长的时期里，在增强经济实力和国防实力的同时，必须极大地增强民族凝聚力。这是真正壮大我国综合国力的一个重大的战略问题。

经济实力、国防实力和民族凝聚力，共同构成今日我国的综合国力。那么，怎样在全国人民中间进一步增强民族凝聚力呢？江泽民提到，在当代中国，民族凝聚力的增强取决于三个主要的因素，即三个“来自”。增强民族凝聚力，一是来自中华民族的优良传统。中华民族的历史绵延五千年，民族凝聚力是我们民族不断发展、不断进取的灵魂。这是我们增强民族凝聚力的历史条件。二是来自中国共产党人的崇高理想和社会主义制度的优越性。中华民族要在21世纪不断前进、不断发展，就要坚持中国共产党人的崇高理想，就要在实践中不断发挥社会主义制度的优越性。这是我们增强民族凝聚力的现实条件。三是来自爱国主义、集体主义、社会主义和马克思主义理论教育。爱国主义、集体主义和社会主义是我们时代的主旋律，同时也是我们新时期增强民族凝聚力的最为重要的思想基础。这是增强民族凝聚力的理论条件或根据。增强民族凝聚力的这三个方面，正是学校思想政治教育的主要内容和基本要求。我们应该深刻地理解：“正确的世界观、人生观、价值观的确立，民族优良传统的发扬，共同理想和精神支柱的形成和巩固，科学文化水平的提高，都离不开教育工作，而这些都是我们民族凝聚力的重要基础和内容。”面向21世纪，我们应该从增强民族凝聚力的高度，从国家的强盛、民族的繁荣、社会的进步的高度，认识高校思想政治教育的重要地位和重要作用。

加强高校思想政治教育，并不像有些人理解的是一项“虚”的工作，而是一项实实在在的工作，实就实在它是增强民族凝聚力的基础，是提高社会主义国家综合国力的基础。如何从这个高度来理解高校思想政治教育的地位和作用，是当前理论研究和理论宣传的一项重要任务。把高校的思想政治教育工作仅仅看作是学校自身的工作是远远不够的，它是关系到国家的未来、民族的未来和社会主义事业的未来的一项最为基础的工作。

第二，从全面推进素质教育的高度，切实提高对学校思想政治教育和德育的新要求和新任务的认识。全面推进素质教育是第三次全国教育工作会议提出的一项战略任务，也是新世纪我国教育改革与发展的基本方向。但是，全面地理解素质教育中“素质”的内涵，是全面推进素质教育的基本前提。全面推进素质教育，首先就要对素质的内涵有一个完整的、科学的理解，否则全面推进素质教育的工作就不可能到位，就不可能达到既定的目标和要求。

江泽民在第三次全国教育工作会议上的讲话，首先明确了素质教育中素质的内涵，把它概括为科学文化素质和思想道德素质两个主要的方面。对素质的这两个方面的概括，是对邓小平提出的社会主义“四有”新人四个方面的进一步阐述和发展。“四有”新人，实际上就是从科学文化素质和思想道德素质方面提出培养目标问题的。全面推进素质教育，从根本上说，就是要把科学文化素质教育和思想道德素质教育完整地作为素质教育的内容和要求，不可偏废。

根据我们党和国家面向21世纪的新任务，江泽民特别强调，在素质教育中，思想政治素质是最重要的素质，并明确提出爱国主义、集体主义、社会主义思想教育是素质教育的灵魂。关于素质教育，江泽民讲了三层意思：一是素质教育的内涵包括科学文化素质和思想道德素质；二是根据当前我们国家发展的实际和教育改革与发展的实际，提出了思想政治素质是最重要的素质，“思想政治教育，在各级各类学校都要摆在重要地位，任何时候都不能放松和削弱”；三是进一步根据学校教育工作的实际以及学生走向社会的要求，提出了爱国主义、集体主义和社会主义思想教育是素质教育的灵魂。这三个递进层次的论述，对我们理解全面推进素质教育中素质的内涵，对我们理解学校的思想政治工作和德育工作是具有极其重要的指导意义的。

第三，从当前教育改革和发展实际的高度，深刻认识学校思想政治教育和德育的新要求和新任务。江泽民在讲话中强调了思想政治素质的重要性，强调了爱国主义、集体主义、社会主义思想在素质教育中具有灵魂的作用。但是，不论是爱国主义、集体主义和社会主义思想教育，还是其他方面的思想政治教育，都要和当前教育改革与发展的大局密切结合起来，都要和我们培养人这个最终的目标结合起来。因此，当前推进高校思想政治教育，必须高度关注和密切结合学校教育改革与发展的实际，把思想政治教育同学校工作的各个环节和整个过程密切地结合起来，这也就是江泽民后来在中央思想政治工作会议上强调的思想政治工作要有渗透力和感召力的问题。

这三个基本观点，主要是从纵向的角度对高校思想政治教育工作的重要性作了深入的阐述。如何把江泽民在第三次全国教育工作会议讲话中阐述的这些思想，同学校工作的实际密切结合起来，进一步加以贯彻和落实，依然是我们面临的一项紧迫的任务。

四、党的十六大对高校思想政治教育的新要求

江泽民在党的十六大所做的报告，是我们党在新世纪新阶段的政治宣言，是全面建设小康社会、加快推进社会主义现代化的行动指南，是一篇马克思主义的纲领性文献。结合高等教育改革和发展的实际，特别是高校思想政治理论课程教育教学工作的实际，我们更深切地感到，江泽民的报告是新世纪新阶段高校大学生思想道德教育的理论纲领。这里所说的思想道德教育，无论其内涵还是外延，都关乎大学生的马克思主义理论与思想政治教育。

第一，站在时代发展的高度，深刻认识思想道德教育的新要求和新内涵。

在党的十六大报告中，江泽民从时代发展的高度，从贯彻落实“三个代表，，重要思想本质要求的高度，从全面建设小康社会目标的高度，深刻阐述了提高全民族的思想道德素质的新要求和加强思想道德教育的新内涵。

提高全民族的思想道德素质是“三个代表”重要思想的本质要求，也是实践“三个代表”重要思想的根本内容。在庆祝中国共产党成立80周年大会上的讲话中，江泽民就已经从正确认识和全面贯彻“三个代表”要求的高度，多视角地阐述了加强思想道德素质建设的重大战略意义。他认为，提高全体人民的思想道德素质和科学文化素质是我们党要始终代表中国先进生产力的发展要求必须履行的“第一要务”；“促进全民族思想道德素质和科学文化素质的不断提高”是我们党要始终代表中国先进文化的前进方向的基本内涵；“努力提高全民族的思想道德素

质和科学文化素质，实现人们思想和精神生活的全面发展”是不断推进人的全面发展的重要方面。正是在这一意义上，在总结中国共产党的奋斗业绩和基本经验时，江泽民把全国人民的思想道德素质和教育科学文化素质的提高，向世界展现中华民族新的精神风貌，作为党领导人民取得的光辉业绩的重要内容。在十六大的报告中，江泽民在总结建设中国特色社会主义必须坚持的十条基本经验时，再次把“不断提高全民族的思想道德素质和科学文化素质”作为重要的内容提出来。江泽民从“三个代表”重要思想的高度，对加强思想道德素质教育所做的这些论述，对我们深刻认识在全面建设小康社会进程中加强思想道德教育的重要性和必要性有着深远的指导意义。

全面建设小康社会，是党的十六大主题的重要方面，而加强思想道德教育是全面建设小康社会目标的重要内容。江泽民指出，我们要在 21 世纪头二十年，集中力量，全面建设惠及十几亿人口的更高水平的小康社会，使经济更加发展、民主更加健全、科教更加进步、文化更加繁荣、社会更加和谐、人民生活更加殷实。这是实现现代化建设第三步战略目标必经的承上启下的发展阶段。全面建设小康社会的宏伟目标包括经济的、政治的、文化的以及人与自然的和谐和协调发展等方面。在文化建设的目标中，江泽民首先提到的就是“全民族的思想道德素质、科学文化素质和健康素质明显提高”。

如何切实加强思想道德建设、大力开展思想道德教育，始终是提高全民族思想道德素质的重要问题。结合全面建设小康社会的宏伟目标，江泽民进一步提出了思想道德建设和教育的新的要求和新的内涵。

首先，要建立社会主义思想道德的新体系。按照“依法治国和以德治国相辅相成”的总体要求，江泽民提出，要建立与社会主义市场经济相适应、与社会主义法律体系相协调、与中华民族传统美德相承接的社会主义思想道德体系。在这一新体系中，既包括如何与社会主义初级阶段经济关系变化相适应的新要求，如何与社会主义初级阶段上层建筑变化相协调的新要求；也包括继承和光大中华民族优秀的传统道德，弘扬中国共产党在革命、建设和改革中形成的思想道德的新内涵。江泽民的这些论述，对我们研究大学生思想道德教育新体系有着重要的指导意义。

其次，加强正确的世界观、人生观和价值观的教育。江泽民指出，切实加强思想道德建设，就要深入进行党的基本理论、基本路线、基本纲领和“三个代表”重要思想的宣传教育，引导人们树立中国特色社会主义共同理想，树立正确的世界观、人生观和价值观。江泽民的这一论述，既强调思想政治教育要以发展的马克思主义及其成果为主要内容，凸现了马克思主义与时俱进的理论品质；也十分关注思想道德教育中马克思主义基本原理教育的重要性，突出了正确的世界观、人生观和价值观教育的极端重要性。江泽民的这些论述，对我们深化马克思主义理论教育有着重要的启迪。

再次，树立崇高的思想道德目标。思想道德目标从整体上规范了思想道德教育的内涵和要求。针对这些问题，江泽民从四个方面作了论述：一是总体上要认真贯彻《公民道德建设实施纲要》；二是思想道德建设要弘扬爱国主义精神，以为人民服务为核心、集体主义为原则、诚实守信为重点；三是加强社会公德、职业道德和家庭美德教育，特别要加强青少年的思想道德建设；四是引导人们在遵守基本行为准则的基础上，追求更高的思想道德目标。江泽民的这些论述，对我们研究大学生思想道德修养的要求、内涵和目标问题有着强烈的针对性和现实性。

第二，以教育创新的眼界，切实把握高校思想道德教育的新特点。

坚持教育创新，是江泽民在党的十六大报告中对大力发展教育事业提出的要求。教育创新的思想，是江泽民坚持马克思主义与时俱进的理论品质，不断探索中国教育改革和发展的新情况、新问题，勇于创新马克思主义教育理论的新成果。

教育创新深刻反映了时代发展的新特点和新要求。一方面，当今世界科学技术日新月异和国际竞争日趋激烈，使得人才的竞争和民族创新能力的竞争，成为各国之间竞争的根本所在。因此，江泽民在北京师范大学建校100周年庆典大会的讲话中指出：“教育是培养人才和增强民族创新能力的基础，必须放在现代化建设的全局性、战略性的重要位置。”这是提出教育创新的时代背景，也是实现教育创新的时代意义所在。另一方面，近年来，中国经济社会发展的实践证明，科教兴国战略的实施，在培养合格的中国特色社会主义的建设者和接班人，在造就大批的具有丰富创新能力的高素质人才、提高全民族的思想道德素质和科学文化素质等方面，做出了历史性贡献。据此，江泽民指出，继续坚定不移地实施科教兴国战略，"这是实现中华民族伟大复兴的必然要求，也是我国社会主义教育事业的历史任务"。实现教育创新，就是这种"必然要求"和完成这一"历史任务"的赓续和选择。

能否坚持教育创新，是事关思想道德教育是否具有时代感，是否能达到针对性和实效性的根本问题。在北京师范大学建校 100 周年庆典的讲话中，江泽民从教育思想观念的更新、教育体制的改革、推进素质教育和全面提高教育质量、大力提高教育的现代化水平、加大教育的开放力度和提高教育的国际竞争力等方面，对教育创新作了深刻论述，提出了一系列新思想、新观点和新思路。联系高等教育的实际，特别是联系高校思想道德教育的实际，贯彻落实这些新思想、新观点和新思路，是当前积极推进思想道德教育创新的关键所在。

进行教育创新，要立足于教育思想观念的更新。我们要根据时代和社会发展的要求，树立新的思想道德教育的理念和思路。思想道德教育要全面贯彻党的教育方针，要按照"三个代表"要求，坚持教育为社会主义现代化建设服务，为人民服务，与生产劳动和社会实践相结合。在对大学生的思想道德教育中，要密切结合国际经济政治格局变化的实际、密切结合中国经济社会发展的现实，努力帮助他们树立正确的世界观、人生观和价值观，坚定对马克思主义的信仰、对社会主义的信念，增强对改革开放和现代化建设的信心、对党和政府的信任。

进行教育创新，也要立足于教材建设和教学方法上的创新。高校思想道德教育的教材建设不仅涉及教学内容的创新，也涉及教材体系、教材风格上的创新。在教学方法上，不仅涉及如何利用高科技的教育手段，改进课堂教学方法的问题；也涉及如何适应大学生接受教育的新特点，以及大学生学习方式和思维方式的新特点，创新教学方法的问题；还涉及如何拓展教学视野，加强课堂教学与社会实践相结合的新的教学方式的探索等等问题。

教育创新，也集中体现在教师的师德、师风建设上。江泽民对如何做一名优秀的教师提出过“志存高远、爱国敬业，为人师表、教书育人，严谨笃学、与时俱进”的要求。这些要求虽然只有 24 个字，但要达到这些要求，是需要教师们花费极大努力的，甚至要一辈子为之奋斗的。我们不能想象，一个没有师德或者师德不高尚的教师，能为思想道德教育做出积极的贡献。加强师德、师风建设，是高校思想道德教育建设、发展和创新中的一项带有根本性的基础工程。

第三，保持与时俱进的精神，努力形成高校思想道德教育的新思路。

在党的十六大报告中，江泽民强调：贯彻“三个代表”重要思想，必须使全党始终保持与时俱进的精神状态，不断开拓马克思主义理论发展的新境界；与时俱进，就是党的全部理论和工作要体现时代性，把握规律性，富于创造性。保持与时俱进的精神状态，形成与时俱进的发展思路，特别是要努力探索思想道德教育的时代性、规律性和创造性。这是加强和改进高校思想道德教育的重要任务。

思想道德教育要与时俱进，突出地表现在课程设置和教学内容的改进和发展上。以十六大精神为指导，结合高校思想道德教育的实际，今后一个时期高校“两课”的教学内容的充实和发展，要特别关注以下三个基本的理论问题：

一是要着眼于马克思主义理论的发展和创新，加强“三个代表”重要思想的学习、研究和教育。对于思想理论的学习和教育，江泽民早在 1990 年就提出过：“我们必须把马克思主义的基本原理同社会主义现代化建设和改革开放的实际紧密结合起来，同时代和世界形势的新发展、新变化紧密结合起来，在坚持马克思主义的实践中丰富和发展马克思主义。”“三个代表”重要思想就是在建设中国特色社会主义的新的实践中，对马列主义、毛泽东思想和邓小平理论的丰富和发展。“三个代表”重要思想集中反映了当代世界和中国的发展变化对党和国家工作的新要求，是加强和改进党的建设、推进我国社会主义自我完善和发展的强大理论武器，是全党集体智慧的结晶，是党必须长期坚持的指导思想。“三个代表”重要思想是高校思想道德教育的中心内容，是当代大学生必须学习、掌握和实践的科学理论。

二是要加强建设中国特色社会主义必须坚持的十条基本经验的学习和教育。江泽民在十六大报告中总结概括的中国共产党领导人民建设中国特色社会主义必须坚持的十条基本经验，是对我们党探索建设中国特色社会主义道路的基本理论的概括。十条基本经验是全面的实践准则，也是完整的理论体系，不仅是科学社会主义在当代中国发展的光辉的理论成就，而且也是建设中国特色社会主义理论体系和基本观点的科学总结。十条基本经验的概括，实际上构成了我们深刻理解和把握什么是社会主义、怎样建设社会主义，建设什么样的党、怎样建设党等一系列重大理论问题和实践问题的最基本的原理。对这十条经验从历史的、理论的和现实的结合上的全面的系统的理解，对坚定大学生走建设中国特色社会主义道路有着极其重要的意义，应该成为高校思想政治教育的重要内容。

三是要从全面建设小康社会目标的角度，加强中国特色社会主义的经济、政治、文化建设新任务的学习和教育。21 世纪头 20 年，是我们的一个必须紧紧抓住并且可以大有作为的重要战略机遇期，是我们集中力量全面建设小康社会的重要阶段，也是中国特色社会主义发展的关键阶段。江泽民在报告中强调：经过这个阶段的建设，再继续奋斗几十年，到 21 世纪中叶基本实现现代化，把我国建成富强民主文明的社会主义国家。

在十六大报告中，江泽民不仅提出了全面建设小康社会的奋斗目标，而且还对全面建设小康社会的经济、政治和文化发展的主要任务作了深刻的阐述。全面建设小康社会最根本的，就是要坚持以经济建设为中心，不断解放和发展社会生产力。在经济上，主要任务就是完善社会主义市场经济体制，推动经济结构战略性调整，基本实现工业化，大力推进信息化，加快建设现代化，保持国民经济持续快速健康发展，不断提高人民生活水平；在政治上，重要目标就是发展社会主义民主政治、建设社会主义政治文明，必须在坚持四项基本原则的前提下，继续积极稳妥地推进政治体制改革，扩大社会主义民主，健全社会主义法制，建设社会主义法治国家，巩固和发展民主团结、生动活泼、安定和谐的政治局面；在文化上，必须大力发展社会主义文化，建设社会主义精神文明，深刻认识文化建设的战略意义，推动社会主义文化的发展繁荣。这些重要的思想，应该成为高校思想道德教育的新内容，进而内化为大学生能够为之奋斗的人生价值和崇高理想。

第三节 胡锦涛新世纪初思想政治教育理论对高校“三全教育”的启示

进入新世纪，思想政治教育包括高校思想政治教育，遇到一系列新情况和新问题，面临一系列新的挑战。2005 年中央召开的全国加强和改进大学生思想政治教育工作会议，是以胡锦涛为主要代表的党中央高度重视高校思想政治教育的开局之作，也成为新世纪高校思想政治教育的理论与实践探索新阶段的重要开端。

一、加强和改进大学生思想政治教育的新要求

2005 年新年伊始，胡锦涛在全国加强和改进大学生思想政治教育工作会议上发表重要讲话（以下简称“讲话”），深刻阐述了加强和改进大学生思想政治教育的重大意义，全面论述了加强和改进大学生思想政治教育的指导思想、基本原则和主要任务。“讲话”同 2004 年 10 月党中央、国务院发布的《关于进一步加强和改进大学生思想政治教育的意见》（以下简称《意见》）一起，形成马克思主义思想政治教育的理论创新，构成现阶段指导大学生思想政治教育的理论纲领和实践指南。以理论创新为先导，切实加强和改进大学生思想政治教育，是深入学习和把握“讲话”和《意见》精神的首要之举。

第一，大学生思想政治教育理论探索的新基点。

创新作为当今时代发展的重要动力，是解决战略问题的基本力量，也是开拓工作新局面的基本方法。加强和改进大学生思想政治教育，既要注重教育内容、形式、体制、机制和方法的创新，更要注重教育理论的创新。“讲话”和《意见》密切结合当今时代发展的实际和当代大学生成长成才的实际，以马克思列宁主义、

毛泽东思想、邓小平理论和“三个代表”重要思想为指导，特别是以科学发展观为新的理论基点，在对大学生思想政治教育的系统论述中，实现了大学生思想政治教育的理论创新。

坚持以人为本，是科学发展观的核心。“讲话”和《意见》紧紧把握科学发展观的核心，高扬以人为本的思想政治教育新理念，明确地把以人为本提升为加强和改进大学生思想政治教育的中心思想。“讲话”和《意见》强调，加强和改进大学生思想政治教育，要以大学生全面发展为目标，要坚持以人为本、育人为本；要充分调动大学生的积极性和主动性，引导他们自我教育、自我管理、自我服务；既要教育人、引导人，也要关心人、帮助人。这些新见解，从新的战略高度，更明确地重申了促进人的全面发展是思想政治教育的根本目标，更鲜明地提出了思想政治教育中尊重学生主体性的要求，也更具体地阐述了大学生思想政治教育如何落实以人为本思想的方法和途径。以人为本的思想政治教育理念，既是对中国共产党长期倡导的尊重人、理解人、服务人、武装人、发展人的思想政治教育优良传统的弘扬，也是对现时代思想政治教育的理论创新。这些理论创新，对于推动大学生思想政治教育制度创新、体制和机制创新，必将起着重要的先导作用。

坚持全面、协调、可持续的发展思路，是科学发展观的本质要求和基本思想方法。“讲话”和《意见》凸现加强和改进大学生思想政治教育中全面、协调与可持续发展的新要求和新方法。“讲话”和《意见》洋溢着全面育德的思想政治教育的新理念。人的思想政治素质的发展，是多种因素综合作用的结果。坚持全面育德，创造并综合利用各种积极因素为提高思想政治素质服务，是思想政治素质发展规律的根本要求。“讲话”和《意见》强调所有教师都负有育人职责，要坚持教书育人、服务育人、管理育人、齐抓共管、形成合力，这是对思想政治教育整体观的新思考；强调高等学校各门课程都具有育人功能，要深入发掘各类课程的思想政治教育资源，并坚持实践育人、文化育人、环境育人，这是对全面配置思想政治教育资源观的新探索；强调教育与自我教育结合、政治理论教育与社会实践结合等方面的协调，这是对全面的思想政治教育方法论的新阐述。这些理论创新，为我们进一步形成全面的、协调的和可持续发展的思想政治教育的新格局，提供了科学的方法论上的指导。

以科学发展观为新基点的理论创新，不仅强调加强和改进大学生思想政治教育是科学发展观的根本要求，同时也强调加强和改进大学生思想政治教育是践行科学发展观的重要基础。发展的主体是人，离开人这一生产力中最活跃的因素和社会进步中最重要的主体力量，发展就无从谈起。改革开放以来，我们党在高度关注经济社会发展时，同样高度关注人的思想道德素质和科学文化素质、健康素质的全面提升。邓小平曾经指出：“中国的事情能不能办好，社会主义和改革开放能不能坚持，经济能不能快一点发展起来，国家能不能长治久安，从一定意义上说，关键在人。”在新的社会历史条件下，江泽民反复强调，人才是社会的各种资源中最宝贵、最重要的资源，开发人才资源，加强人力资源能力建设，已成为关系当今各国发展的重大问题。在“讲话”中，胡锦涛强调：“大学生是国家宝贵的人才资源，是民族的希望、祖国的未来。”因此，加强和改进大学思想政治教育，提高他们的思想道德素质，并努力促进他们的全面发展，是对最根本的社会发展动力的激发，是对最关键的社会发展主体的塑造，构成推动我国经济社会全面发展的基本要素，成为实现科学发展观的内在要求。

第二，大学生思想政治教育理论体系的新阐述。

“讲话”和《意见》的理论创新，不仅体现于以科学发展观为新基点，而且更体现于从理论体系上对新世纪新阶段大学生思想政治教育的全面阐述。

对新世纪新阶段加强和改进大学生思想政治教育的重要意义和战略地位作了深刻阐述。“讲话”和《意见》提出四个“确保”，要求我们从确保全面实施科教兴国战略和人才强国战略，确保我国在激烈的国际竞争中始终立于不败之地，确保实现全面建设小康社会、进而实现现代化的宏伟目标，确保实现中华民族的伟大复兴，以及从提高党的执政能力、巩固党的执政地位的要求的高度，深刻理解加强和改进大学生思想政治教育的重要意义和战略地位。

为新世纪新阶段加强和改进大学生思想政治教育工作确立了总体要求。“讲话”和《意见》根据科学发展观的要求和当代中国社会发展的实际、大学生思想政治状况的实际和特点，提出了大学生思想政治教育的总体要求，这一总体要求从根本指导思想、社会历史背景、思想政治教育任务、思想政治教育方法和目的等方面，给加强和改进大学生思想政治教育以科学的理论指导。

对新世纪新阶段加强和改进大学生思想政治教育的基本原则作了科学阐述。“讲话”和《意见》从大学生思想政治教育要体现时代性、把握规律性、增强实效性的高度，提出如下基本原则：要教书与育人，即坚持育人为本、德育为先，切实加强和改进思想政治教育；教育与自我教育；政治理论教育与社会实践；解决思想问题与解决实际问题；教育与管理；继承优良传统与改进创新等。这六个方面的原则明确了加强和改进大学生思想政治教育的主要方法和实践准则。

对大学生思想政治教育任务的系统论述，使得大学生思想政治教育的方向更明确、重点更突出、任务更具体。在我国高等教育的发展中，大学生思想政治教育的主渠道建设还比较薄弱，思想政治理论课的实效性和吸引力还有待进一步增强；思想政治教育在贴近生活、贴近实际、贴近学生方面还有许多工作要做，适合大学生思想实际的教育内容和任务还不明确，围绕大学生思想政治教育内容实施的方式方法上的创新成效还不显著。“讲话”和《意见》根据大学生思想政治教育的新形势、新情况和新课题，精辟地概括了加强和改进大学生思想政治教育的主要任务。加强和改进大学生思想政治教育的主要任务包括：要以理想信念教育为核心，进行正确的世界观、人生观、价值观教育；以爱国主义教育为重点，深入进行民族精神教育；以基本道德规范为基础，深入进行公民道德教育；以大学生全面发展为目标，深入进行素质教育。对大学生思想政治教育四项任务的明确阐述，将引致大学生思想政治教育整体工作的全面推进。

对加强和改进大学生思想政治教育主要环节和措施的部署，形成大学生思想政治教育工作的新体制和运作的新机制。高校思想政治教育体制发展中的主要缺憾就是，大学生思想政治教育工作队伍建设不够健全，政治强、业务精、作风正、纪律严的思想政治工作队伍亟待加强；大学生思想政治教育的阵地建设力度还不够；大学生思想政治教育经费投入还没有体制上的保障；思想政治教育的学科建设和理论研究还缺乏支持。在学校的教育教学过程中，大学生思想政治教育工作队伍孤军奋战的状况还没有彻底改变，所有教师、所有管理人员、所有教育环节、所有课程都担负着育人重任的责任意识还没有形成；全社会关心支持大学生思想政治教育的合力还没有真正形成。"讲话"和《意见》根据多年来大学生思想政治教育实践中形成的有益经验和有效做法，充分吸收大学生思想政治教育理论研究的有益成果，针对高校思想政治教育工作的实际，从加强课堂教学、开展社会实践、建设校园文化、占领网络阵地、加强心理健康教育和解决大学生实际问题等方面，从发挥好党团组织和学生社团优势等方面，从加强队伍建设、健全工作体制和机制、营造良好环境、加强组织领导等过程和环节，勾画了大学生思想政治教育体制和运行机制的主要方面和实践路径，形成了建立健全大学生思想政治教育体制和运行机制的新思路。

第三，大学生思想政治教育理论研究的新视界。

"讲话"和《意见》的理论创新，还突出地表现在能够立足于时代发展的新特点，着眼于社会发展的新要求，对大学生思想政治教育面临的新境遇、必须回答的新课题，作了创新的理论探讨，同时还从更为宽广的理论视野，提出了加强和改进大学生思想政治教育的新课题，为如何做好大学生思想政治教育形成了新的理论空间。

在国际敌对势力与我争夺下一代的斗争更加尖锐复杂的条件下，如何更有效地用马克思主义理论武装大学生的头脑，引导大学生树立正确的世界观、人生观和价值观。国际敌对势力对我国"西化""分化"的图谋由来已久。冷战结束以后，国际敌对势力进一步将"西化""分化"的目标锁定在中国，妄图使中国的社会主义事业在不久的将来改旗易帜。同时，发达资本主义国家在生产力、科学技术等方面还有新的很大的发展；从经济、科技发展和物质文化生活水平来看，发达资本主义国家比我们这样发展中的社会主义国家还要高得多。在这种情势下，思想政治教育如何坚持用马克思主义的科学原理和科学精神为指导，使大学生能够深刻认识人类社会发展的规律和必然趋势，引导他们自觉地用发展的马克思主义武装自己，逐步树立正确的世界观、人生观和价值观，就成为思想政治教育的重大课题，成为思想政治教育的根本任务。

在信息技术迅猛发展、社会信息化程度不断提高、世界范围内不同思想文化相互激荡的条件下，如何引导大学生既积极学习和正确吸收人类优秀文明成果，又自觉鉴别和抵御各种腐朽落后的思想文化，努力成长为社会主义先进文化的继承者、弘扬者、实践者和创造者。信息技术的迅猛发展、社会信息化程度的不断提高，进一步加剧了世界范围内不同思想文化的相互激荡。这一情势既使他们成长的文化环境变得更加复杂，也引起当代大学生思想信息接受方式和内涵的深刻变化。同时，随着社会信息化程度的不断提高，各种思想文化，包括外来的和本土的、进步的和落后的、积极的和颓废的思想文化纷至沓来、相互激荡，它们之间有吸纳又有排斥，有融合又有斗争，有渗透又有抵触。保持和发展中华民族文化的优良传统，大力弘扬民族精神，积极吸取世界其他民族的优秀文化成果，实现思想文化的与时俱进，就成为大学生思想政治教育的重大课题。如何引导大学生在积极吸纳世界其他民族优秀文化成果的同时，自觉抵制不良思想文化的侵蚀，使他们努力成长为社会主义先进文化的继承者、弘扬者、实践者和创造者，就成为大学生思想政治教育面临的重要任务。

在大学生群体发生明显变化的条件下，如何准确把握教育对象的新变化，改进思想政治教育工作的方式、方法和手段，增强针对性、实效性和吸引力、感染力，切实把思想政治教育工作做到大学生心坎上。当代大学生的群体构成日益呈现规模扩大、来源多样、组织多型等特点。他们生理成熟期普遍前移，特别是心理发展、思想方式和价值取向上出现许多新的特点。在心理发展方面，他们明显地表现出心理矛盾增多、心理压力加大、心理问题多发等特点。在大学生思想政治教育中，必须根据大学生心理变化的实际，及时拓展教育内容体系，关注学生的心理发展，建构富有针对性的高校学生心理教育模式。在思想方式方面，影响当代大学生思想活动的因素日趋多样，思想的关注点日趋宽泛和分散，思想文化需求日趋多样。在大学生思想活动影响因素变化的情况下，必须坚持并强化学校教育的主导作用，坚持并强化学校思想政治教育在学生思想发展中的主导作用。在价值取向变化的情况下，必须切实有效地加强对大学生的马克思主义理论教育，增强他们对马克思主义的信仰、对社会主义的信念，提高他们对先进文化、主流文化接收与接受的主动性、自觉性；必须引导当代大学生确立积极的人生态度，高扬远大的理想风帆，形成昂扬向上的精神状态等等。所有这些问题，都成为现阶段加强和改进大学生思想政治教育的新的要求。

除了以上论及的这些新的课题外，“讲话”和《意见》还对事关大学生思想政治教育其他新的重大课题作了简洁而深刻的阐述，如如何广泛深入地进行爱国主义、集体主义、社会主义教育，引导大学生坚定中国特色社会主义信念；如何改进思想政治教育工作的方式、方法和手段，切实把思想政治教育工作做到大学生心坎上；如何把思想政治教育工作贯穿于高校教育、管理和服务的全过程，形成大学生思想政治教育的有效机制等等。“讲话”和《意见》不仅对这些课题作了科学解答，同时也为其他一系列课题的科学解答提供了基本思路和方法。理论的彻底性，就在于掌握群众；理论的创新性，就在于指导新的实践。积极探索新课题，努力实现理论创新，是加强和改进大学生思想政治教育工作的突出任务。

二、十七届六中全会《决定》与高校思想政治教育新认识

党的十七届六中全会通过的《中共中央关于深化文化体制改革　推动社会主义文化大发展大繁荣若干重大问题的决定》（以下简称为《决定》），首先对社会主义文化大发展大繁荣、推进中国特色社会主义文化发展问题作了阐释，提出了充分认识推进文化改革发展的重要性和紧迫性，更加自觉、更加主动地推动社会主义文化大发展大繁荣，努力建设社会主义文化强国等重要思想。其次，对推进社会主义文化改革和发展作了论述和部署，提出推进社会主义核心价值体系建设、巩固全党全国各族人民团结奋斗的共同思想道德基础等六项主要举措。最后，对加强和改进党对文化工作的领导，提高推进文化改革发展科学化水平作了论述。《决定》在提出以上这些重要理论和实践问题时，都涉及思想政治教育的重大问

题，提出了思想政治教育的新课题和新要求，形成了以胡锦涛为主要代表的党中央对高校思想政治教育的新认识。

第一，深刻理解改革开放特别是党的十六大以来，中国特色社会主义文化发展的新成就。《决定》以五个“坚持”对文化发展成就作了概括。其中的两个“坚持”，对提高高校思想政治教育新认识尤为重要。一是“坚持解放思想、实事求是、与时俱进，不断推进马克思主义中国化时代化大众化，形成和发展了中国特色社会主义理论体系，为开辟和拓展中国特色社会主义道路、确立和完善中国特色社会主义制度提供了科学理论指导”。党的十六大以来，高校以新一轮思想政治理论课程体系实施为重要契机，以马克思主义理论研究和建设工程为强大推动力，高校思想政治教育有了显著发展，成为推进马克思主义中国化的重要理论阵地，成为学习、研究和宣传中国特色社会主义理论体系的重要力量。

二是“坚持推进社会主义核心价值体系建设，用马克思主义中国化最新成果武装全党、教育人民，用中国特色社会主义共同理想凝聚力量，用以爱国主义为核心的民族精神和以改革创新为核心的时代精神鼓舞斗志，用社会主义荣辱观引领风尚，巩固了全党全国各族人民团结奋斗的共同思想道德基础”。近年来，社会主义核心价值体系融入高校教育教学的全过程，已经成为高校思想政治教育的铸魂工程。

第二，深刻理解推进社会主义文化改革发展的重大意义。《决定》从“四个更加”的概括上，阐明了社会主义文化大发展的战略意义和紧迫性。这“四个更加”就是：各种思想文化交流交融交锋更加频繁，文化在综合国力竞争中的地位和作用更加凸显，维护国家文化安全任务更加艰巨，增强国家文化软实力、中华文化国际影响力要求更加紧迫。《决定》还从“四个越来越”的概括上，阐明了社会主义文化发展的现实重要性，即当代中国文化越来越成为民族凝聚力和创造力的重要源泉、越来越成为综合国力竞争的重要因素、越来越成为经济社会发展的重要支撑，丰富精神文化生活也越来越成为我国人民的热切愿望。“四个越来越”对我们理解高校思想政治教育和校园文化建设的重要性和紧迫性有着重要启示。

第三，深刻理解社会主义文化发展面临的突出矛盾和问题。我国文化发展同经济社会发展和人民日益增长的精神文化需求还不完全适应，存在一些突出矛盾和问题，如一些地方和单位对文化建设重要性、必要性、紧迫性认识不够，文化在推动全民族文明素质提高中的作用亟待加强；一些领域道德失范、诚信缺失，一些社会成员人生观、价值观扭曲，用社会主义核心价值体系引领社会思潮更为紧迫，巩固全党全国各族人民团结奋斗的共同思想道德基础任务繁重；舆论引导能力需要提高，网络建设和管理亟待加强和改进。应该清醒地认识到，没有先进文化的积极引领，没有人民精神世界的极大丰富，没有民族精神力量的充分发挥，我们是不可能真正地屹立于世界民族之林的。物质贫乏不是社会主义，精神空虚也不是社会主义；没有社会主义文化繁荣发展，就没有社会主义现代化。

第四，深刻理解推进社会主义文化改革发展的指导思想。社会主义文化改革发展的指导思想是《决定》的核心内容。这一指导，一是强调了文化建设指导思想的理论基础，这就是文化建设必须全面贯彻党的十七大精神，高举中国特色社会主义伟大旗帜，以马克思列宁主义、毛泽东思想、邓小平理论和“三个代表”重要思想为指导，深入贯彻落实科学发展观；二是提出了文化建设的具体方针，这就是坚持社会主义先进文化前进方向，以科学发展为主题，以建设社会主义核心价值体系为根本任务，以满足人民精神文化需求为出发点和落脚点，以改革创新为动力；三是明确了文化建设的目标，这就是发展面向现代化、面向世界、面向未来的，民族的科学的大众的社会主义文化，培养高度的文化自觉和文化自信，提高全民族文明素质，增强国家文化软实力，弘扬中华文化，努力建设社会主义文化强国。社会主义文化改革发展的这一指导思想，也是推进高校思想政治教育新发展的重要指导思想。

第五，深刻理解推进社会主义文化改革发展的目标任务。社会主义文化建设的战略目标是建设社会主义文化强国。《决定》在确立社会主义文化强国的长期战略目标时，强调着力推动社会主义先进文化更加深入人心，推动社会主义精神文明和物质文明全面发展；不断开创全民族文化创造活力持续迸发、社会文化生活更加丰富多彩、人民基本文化权益得到更好保障、人民思想道德素质和科学文化素质全面提高的新局面；建设中华民族共有精神家园，为人类文明进步做出更大贡献等重要内容。《决定》还提出了与2020年全面建设小康社会相联系的阶段性目标，在阶段性目标中特别强调社会主义核心价值体系建设深入推进，良好思想道德风尚进一步弘扬，公民素质明显提高；适应人民需要的文化产品更加丰富，精品力作不断涌现；以民族文化为主体、吸收外来有益文化、推动中华文化走向世界的文化开放格局进一步完善；高素质文化人才队伍发展壮大，文化繁荣发展的人才保障更加有力等内容。这些战略性目标，对高校确立思想政治教育战略性目标有着重要的指导意义。

第六，深刻理解推进社会主义文化改革发展的重要方针。《决定》从五个“坚持”上强调了文化改革发展重要方针的基本要求，特别强调坚持以马克思主义为指导，推进马克思主义中国化时代化大众化，用中国特色社会主义理论体系武装头脑、指导实践、推动工作，确保文化改革发展沿着正确道路前进；坚持继承和创新相统一，弘扬主旋律、提倡多样化，以科学的理论武装人，以正确的舆论引导人，以高尚的精神塑造人，以优秀的作品鼓舞人，在全社会形成积极向上的精神追求和健康文明的生活方式；坚持以人为本，贴近实际、贴近生活、贴近群众，促进人的全面发展，培育有理想、有道德、有文化、有纪律的社会主义公民；坚持把社会效益放在首位，坚持社会效益和经济效益有机统一；坚持改革开放，提高文化开放水平，推动中华文化走向世界，积极吸收各国优秀文明成果，切实维护国家文化安全。

第七，深刻理解推进社会主义文化改革发展的重大举措。《决定》提出的这些重大措施，包括推进社会主义核心价值体系建设，巩固全党全国各族人民团结奋斗的共同思想道德基础；全面贯彻“二为”方向和“双百,，方针，为人民提供更好更多的精神食粮；大力发展公益性文化事业，保障人民基本文化权益；加快发展文化产业，推动文化产业成为国民经济支柱性产业；进一步深化改革开放，加快构建有利于文化繁荣发展的体制机制；建设宏大文化人才队伍，为社会主义文化大发展大繁荣提供有力人才支撑。这些重大举措融为一体，成为推进社会主义文化大发展大繁荣的最强有力的支撑力量。

第八，切实加强和改进党对文化工作的领导。加强和改进党对文化建设领导的着力点主要在于，切实担负起推进文化改革发展的政治责任，加强文化领域领导班子和党组织建设，健全共同推进文化建设工作机制，发挥人民群众文化创造积极性。

《决定》对高校思想政治教育的重要指导意义，不仅在于提高了我们对思想政治教育的新认识，而且更在于提出了高校思想政治教育的新思路和新目标。

第一，要科学评价高校思想政治教育在社会主义文化建设中的成就。要认真回顾改革开放30多年来特别是党的十六大以来，高校思想政治教育在中国特色社会主义文化建设中的重大成就，其中特别是在提高大学生的思想道德素质和科学文化素质、促进人的全面发展、显著增强国家的文化软实力、为坚持和发展中国特色社会主义文化建设提供强大精神力量等方面的突出成就。党的十六大以来，我们培养的一批批大学生走向国家建设和社会发展的各条战线和不同岗位，在各个方面做出了重要贡献，高校思想政治教育在其中起着不可替代的作用，应该得到充分肯定。文化建设的最终目标是促进人的全面自由的发展，学校的育人工作怎样辐射到社会，要有思想政治教育的长效评价机制。通过科学评价，我们提高对高校思想政治教育作用的认识，增强做好高校思想政治教育的自觉性、自豪感和自信心。

第二，从“四个更加”的高度，增强高校思想政治教育任务和要求的新认识，确立高校思想政治教育的新目标。“四个更加”使我们更加清晰地理解高校思想政治教育面临的态势与格局，更为准确地把握当今社会思想文化思潮发展变化的新特征，更为清醒地认识高校树德育人的新要求，更为深切地贴近大学生思想政治素质提高的新需要，增强责任感和紧迫感，深化针对性和实效性，在科学发展的新思路上开创高校思想政治教育的新局面。

“四个更加”也使我们能够更加清醒估价当前高校思想政治教育面临的突出

问题。这些突出问题主要在于：一是一些教师和学生中存在的道德失范、诚信缺失的问题。要提高大学生的道德情操，教师首先要有高尚的道德情操；要增强大学生的减信守信，教师首先要在诚信守信上起垂范作用。高校思想政治教育的对象应该包括教师群体在内，忽略对教师群体的思想政治教育，或者说教师群体没有能自觉地接受思想政治教育，是当前高校思想政治教育的突出问题之一。二是有些教师和大学生的人生观、价值观扭曲的问题。三是思想政治教育中舆论引导能力不足的问题。四是网络建设和管理还滞后于思想政治教育的需要和要求的问题。五是思想政治教育人才队伍建设亟待加强。

第三，要把社会主义核心价值体系融入高校教育全过程，特别是融入思想政治教育的各个环节和整体过程之中。社会主义核心价值体系是兴国之魂，是社会主义先进文化的精髓，决定着中国特色社会主义发展方向。在社会主义核心价值体系建设中，要强化教育引导，增进社会共识，创新方式方法，健全制度保障。在高校思想政治教育环节和过程之中，要按照社会主义核心价值体系的基本要求，拓展大学生思想政治教育内容；要根据社会主义核心价值体系的内在要求，真实地进入高校思想政治教育主阵地、主课堂和主渠道；要遵循社会主义核心价值体系的实施特点，积极拓展践行社会主义核心价值体系的有效途径。在有效途径的拓展上，要充分发挥社会实践的“第二课堂”作用，动员和组织大学生广泛参加“三下乡”、志愿服务、社会调查、挂职锻炼、专业实习等活动；要多方发掘健康向上、丰富多彩的校园文化活动，特别要抓住重要节日、重大事件、重大活动的契机，创新性地开展特色鲜明的主题教育，建设有特色的弘扬培育民族精神和时代精神的新课堂，形成有利于践行社会主义核心价值体系的生活情境和良好氛围；要充分发挥先进典型的示范引导作用，树立优秀大学生典型和师德高尚、学术精湛的教师典型，用富有时代气息、容易引起共鸣的先进典型的感人事迹和崇高精神激励大学生成长进步；要把理论学习与实践体验结合起来，把解决思想问题与解决实际问题结合起来，加强人文关怀和心理疏导，在热情服务中增进沟通，在成长过程中加强引导，在平等交流和共同建设探索中形成中国大学生核心价值观。

加强中国化马克思主义教育，是社会主义核心价值体系教育的重要基础，是大学生树立正确世界观、人生观和价值观的奠基工程。要结合新的实际，推动中国特色社会主义理论体系进教材、进课堂、进头脑。要加强马克思主义理论学科建设，深入推进和切实提升人文社会科学的育人功能。要把中国化马克思主义理论教育与理想信念教育结合起来，使大学生能自觉地把个人理想融入中国特色社会主义共同理想之中。要深入开展形势政策教育，加强对大学生的国情教育、革命传统教育、改革开放教育、国防教育等。要结合大学生思想实际和认知特点，针对社会热点、难点问题，从理论和实践结合上做出有说服力的回答。在重大思想理论问题上，要划清是非界限，澄清模糊认识，抵制错误思潮和错误观点，筑牢高校马克思主义理论阵地。

第四，要全面加强高校思想政治教育体系建设。“全面加强学校德育体系建设，构建学校、家庭、社会紧密协作的教育网络”，是《决定》对学校思想政治教育提出的新要求。对加强高校思想政治教育体系建设来讲，一是要认识高校与社会在大学生思想政治教育中的日益紧密的联系，特别要深刻理解和把握社会思潮易于向高校集散、社会问题易于向高校投射、社会热点易于向高校传导、社会矛盾易于向高校转移的新特点和新形式。二是要认识高校与家庭在大学生思想政治教育中有机结合的必要性，特别是大学生在接受知识和获取信息渠道上、接触社会和理解社会视域上、思想意识和价值取向独立性选择性多样性上、应对社会各项改革和发展新情况在心理上和实际能力上等方面的新变化，更需要建立高校特别是高校的院系与家庭有机结合的教育机制，更需要建立学校、家庭、社会紧密协作的教育网络。高校思想政治教育体系建设，是提升高校思想政治教育的科学性、针对性和实效性的新路径。

第五，要加强和改进高校舆论引导工作。要把高校舆论引导工作纳入思想政治教育的重要内容。高校思想政治教育的过程、环境和成效，与高校舆论引导工作有着越来越密切的关系。在很大程度上可以认为，高校舆论引导工作已经成为高校思想政治教育的重要组成部分。要牢牢把握正确的舆论导向，坚持正面宣传为主，壮大主流舆论。舆论引导要注重及时性、权威性、公信力和影响力；要弘扬社会正气，传达社情民意，引导社会热点，疏导公众情绪，搞好舆论监督；要体现和尊重师生的知情权、参与权、表达权和监督权。

如何形成高校舆论引导的新格局，特别是如何健全应急报道和完善舆论引导机制，是当前高校思想政治教育，当然也是高校宣传工作的新课题。舆论引导新格局，要适应高校师生的精神需求、接受习惯和思维方式的新变化，增强科学性和针对性；要善于运用新的文化样式和符合高校师生特点的话语体系，增强时代感和实效性；要突出对高校师生，特别是“80 后”“90 后”大学生的亲和力，增强先进性和引导力。

在形成高校舆论引导新格局中，要根据新闻舆论、社会舆论和网络舆论的不同特点，切实做到树立舆论新观念、增强舆论引导力，延伸舆论覆盖面、筑牢舆论主阵地，把握舆论主导权、占据舆论制高点。要褒优贬劣、激浊扬清，切实在精于引导亮点、勇于碰撞热点、善于解析疑点、敢于破解难点上下功夫。要加强网上思想政治教育阵地建设，占领网络信息传播制高点，唱响网上思想政治教育的主旋律。

第六，高校党委要把思想政治教育摆在全局工作的重要位置。对于高校党委来说，在贯彻落实《决定》中，要进一步提高对社会主义文化大发展大繁荣中高校思想政治教育新课题和新要求的认识，形成与此相适应的新思路和新举措。要把思想政治教育摆在高校文化建设的重要位置，其关键是要进一步高度重视大学生的思想政治教育。在大学生思想政治教育上，要做到全面了解情况、把握主流导向，具体分析问题、防止片面结论，关注社会变化、不吝小事着手，宽容个人性格、注重以理服人，解决实际困难、经常和风细雨，务必以身作则、思想与时俱进。同时，高校党委也要把教师的思想政治教育摆在重要位置，高度重视思想政治教育队伍的建设，造就学校思想政治教育的领军人物，加强高素质的思想政治教育教师和干部队伍建设。

三、“努力办好人民满意的教育”与高校思想政治教育

适应全面建成小康社会的需要，党的十八大对教育改革发展提出了新的目标，到2020年全民受教育程度和创新人才培养水平明显提高，进入人才强国和人力资源强国行列，教育现代化基本实现。在确立以“教育现代化基本实现”为奋斗目标的基础上，党的十八大进一步提出了以“努力办好人民满意的教育”为宗旨的教育改革发展的新思路。

实现“努力办好人民满意的教育”的宗旨，着力点主要在于：一是明确教育是民族振兴和社会进步的基石，坚持教育优先发展。二是全面贯彻党的教育方针，坚持教育为社会主义现代化建设服务、为人民服务，把立德树人作为教育的根本任务，培养德智体美全面发展的社会主义建设者和接班人。高校思想政治理论课如何从“立德树人”这一教育的根本任务着手，进一步加以规划、实施，是亟待研究的重要课题。三是全面实现素质教育，深化教育领域综合改革，着力提高教育质量，培养学生社会责任感、创新精神、实践能力。高校思想政治理论课今后的改革也将是综合改革，这将是“立德树人”从“根本任务”上加以落实的关键所在。四是加强现代国民教育体系建设，办好学前教育，均衡发展九年义务教育，基本普及高中阶段教育，加快发展现代职业教育，推动高等教育内涵式发展，积极发展继续教育，完善终身教育体系，建设学习型社会。五是大力促进教育公平，合理配置教育资源，重点向农村、边远、贫困、民族地区倾斜，支持特殊教育，提高家庭经济困难学生资助水平，积极推进农民工子女平等接受教育，让每个孩子都能成为有用之才。六是提出鼓励引导社会力量兴办教育。七是加强教师队伍建设，提高师德水平和业务能力，增强教师教书育人的荣誉感和责任感。教师是教育改革发展的关键，也是思想政治理论课程建设的关键。教师队伍建设状况是社会关注的热点。作为思想政治理论课教师，更应该注重教书育人，更应该有“人类灵魂工程师”的这种责任感和荣誉感。

学习党的十八大关于教育改革发展的目标和宗旨的论述，要与思想政治理论课程建设结合起来，提升思想政治理论课程建设的境界。其中，有五个问题值得

我们探索。

第一，关于“教育现代化基本实现”问题。一是要领会“教育现代化”的内涵，教育现代化“基本实现”的基本要求。二是要研究教育现代化基本实现的主要标志是什么，要制定教育现代化基本实现的总目标和阶段性目标。从十八大到2020年的八年间，至少有三个阶段，2015年“十二五”规划完成为第一个阶段，之后到党的十九大召开是第二个阶段，再到2020年是第三个阶段。在这些阶段，教育现代化如何逐一阶段地能够有所前进、有所发展，要有计划、有目标、有步骤、有措施。高校思想政治理论课程建设也应该有阶段性的目标，如在教师队伍建设、教材建设、学科建设等方面都应该有阶段性目标。三是要认清教育现代化基本实现在社会主义现代化建设中的战略性、基础性和先导性的地位和作用。四是要坚持以人为本的核心立场，处理好教育现代化基本实现和教育公平、教育资源合理配置之间的关系，要把教育资源更多地向现在发展还比较滞后的地区、高校倾斜。五是要统筹兼顾，处理好全面建成小康社会过程中全面推进教育现代化基本实现和一部分地区率先基本实现教育现代化之间的关系。

第二，关于“努力办好人民满意的教育”问题。办好人民满意的教育，是科学发展观的核心立场对教育工作的总要求，是达到全面建成小康社会过程中教育改革和发展的总原则，是中国特色社会主义教育的基本特征。要加强对现代国民教育体系中各级各类教育“满意度”的研究，要建立教育“满意指数”，进行阶段性“满意度”的测评。把高校思想政治理论课办成大学生最满意、家长最满意、社会最满意的课程，应该有可测评的“满意指数”，这种测评对于推进高校思想政治理论课程建设是有意义的。要认真研究如何加强思想政治理论课程建设的科学性、针对性和实效性，如何与校园文化建设、社会实践结合起来，如何把思想政治理论课融入学校家庭社会的教育网络化的格局中，充分发挥学生思想政治教育主阵地、主渠道的作用。大学生成长成才对思想政治理论课的需求和需要，是思想政治理论课满意度评价的长效机制。

第三，关于“把立德树人作为教育的根本任务”问题。突出“立德树人”作为教育的“根本任务”的重要意义及其现实针对性。立德树人在教育目标确定和培养过程中，在课堂教学和校园文化建设中，在教育质量评价和检测中，在学校教育和家庭、社会教育网络化建设中如何切实得到贯彻和落实。“立德树人”要落实和体现在“培养学生社会责任感、创新精神、实践能力”之中，要实现“立德树人”和“培养学生社会责任感、创新精神、实践能力”之间的密切结合和有机统一。

第四，关于“关注青年、关心青年、关爱青年”问题。中国特色社会主义事业是面向未来的事业，需要一代又一代有志青年接续奋斗。全党都要关注青年、关心青年、关爱青年，倾听青年心声，鼓励青年成长，支持青年创业；要融入青年之中，融入大学生当中，引导青年成长。广大青年要积极响应党的号召，树立正确的世界观、人生观、价值观，永远热爱我们伟大的祖国、永远热爱我们伟大的人民，永远热爱我们伟大的中华民族，在投身中国特色社会主义伟大事业中，让青春焕发出绚丽的光彩。在这一方面，高校思想政治理论课及其教师要承担更多的责任。

第五，关于“深化教育领域综合改革”问题。着力改革教育领域那些躲不开、绕不过的体制性和机制性障碍问题，是教育规划纲要实施新阶段实现教育全面协调可持续发展、实现教育改革统筹兼顾的必然要求。要根据教育领域综合改革的新取向和新要求，着力提高教育改革发展统筹协调的能力、深化高校思想政治理论课程建设综合改革的力度和能力。

四、“三个自信”与高校思想政治教育路径拓展

党的十八大提出的道路自信、理论自信、制度自信这“三个自信”，建立在两个基础之上。一是建立在以什么样的精神状态推进中国特色社会主义发展的基础之上。要胸怀理想，坚定信念，不动摇、不懈怠、不折腾，顽强奋斗，艰苦奋斗，不懈奋斗。二是建立在中国特色社会主义发展的目标之上。在中国共产党成立一百年时全面建成小康社会，在新中国成立一百年时建成富强民主文明和谐的社会主义现代化国家。有了这种精神状态、这种理想信念，才能坚定“三个自信”。

自信和自觉是联系在一起的。不自信肯定不能自觉，没有自觉肯定也不会自信。希望大学生能够坚持自觉走中国特色社会主义道路，自觉掌握中国特色社会主义理论体系，自觉为中国特色社会主义建设服务。这种自觉要建立在自信的基础上，要有这种信念、这种信仰、这种信心。在坚定“三个自信”教育中，有自信而自觉、有自觉而更自信，这是高校思想政治理论课程建设追求的目标。只有自觉、自信，才能达到自强，才能在建设中国特色社会主义的宏伟事业中实现大学生的人生价值。

“三个自信”的教育教学涉及思想政治理论课程教育教学的很多方面。从教学的基本规律来看，思想政治理论课程建设要落实好“四教”，即教材、教法、教点、教师。在这四个基本要素中，教材的修订要增强“三个自信”的内容，要从“三个自信”的高度丰富教学内容、完善教材体系；教法要突出“三个自信”同提高大学生建设中国特色社会主义的自觉和自强的结合；教点不只是直接教学的课堂，还有校园文化、社会实践的场所，都应该在增强“三个自信”上产生合力；教师是思想政治理论课程建设的关键，也是增强“三个自信”的关键。“四教”合在一起，为“三个自信”的教学多做贡献，增强“三个自信”教育对思想政治理论课程建设的推动力。

要以“三个自信”来拓展高校思想政治理论课程建设的观念和路径。

一是从 5 年的成就和 10 年的总结中，深化坚定“三个自信”的现实根据。5 年的成就和 10 年的总结，是“三个自信”的现实根据。因为这个 5 年和 10 年是当代大学生成长经历的时期，这个 5 年和 10 年的变化和成就，更容易使大学生理解为什么要增强道路自信、理论自信、制度自信，学生的实际经历和实践能证实坚定“三个自信”的重要性。我们应该对学生讲好、讲深、讲透 5 年改革开放的成就和中国特色社会主义道路的 10 年总结，深化对道路自信、理论自信和制度自信认识的现实根据。

二是从改革开放 30 年历程的回顾中，把握坚定“三个自信”的社会基础。改革开放 30 年发生的社会变迁，已经确立为当代中国的社会基础。对我们教师来讲，

30 年或许并不遥远，因为我们就是改革开放 30 年中成长起来的，我们对这个过程是清楚的，但是青年大学生并不一定清楚，需要我们说清楚。在中国道路上，不能走封闭僵化的歧路，也不能走改旗易帜的邪路。怎么从 30 年改革的不平凡历程中，使学生更加坚定“三个自信”，这是高校思想政治理论课程建设的重大任务。

三是从中国共产党 90 年对中华民族伟大复兴事业的接力探索中，确立坚定“三个自信”的历史依据。党的十八大对“接力探索”的论述表明，现在我们确定的道路、理论和制度是中国社会 90 年发展的必然选择，也是中国共产党领导全国各族人民不懈奋斗的必然结果。要破除由于中国长期处于半殖民地半封建社会而造成的盲目的“崇洋”“恐洋”“唯洋”的观念和心态。在当代中国，只有坚持和拓展中国特色社会主义道路，坚持和丰富中国特色社会主义理论，巩固和完善中国特色社会主义制度，才能实现中华民族的伟大复兴。

四是从中国特色社会主义理论体系的发展中，认识坚定“三个自信”的理论根基。理论自信应该贯穿于高校思想政治理论课程建设始终。中国特色社会主义理论体系和社会主义核心价值体系，是高校思想政治理论课教育教学的基本内容。在当代马克思主义理论教育上，我们不仅要做到自信，还要做到自觉，做到自觉基础上的自信、自信基础上的自觉。

五是从世界各国政治经济制度的比较中，开阔坚定“三个自信”的理论视野。在当今国际经济政治格局中，怎么通过不同的经济政治制度的比较来开阔我们对走自己的道路、坚持自己的理论、发展自己的制度的自信，树立起自立于世界民族之林的自信力和自豪感。应该通过思想政治理论课内容的丰富，通过校园文化建设视野的拓展，把这一点凸显出来。

六是从当今世界经济政治格局的急剧变化中，认清坚定“三个自信”的时代特征。我们要从新的角度、新的高度来理解中国道路、中国理论和中国制度。应该以这样的心胸和气魄来做这件事情。国外一些学者、一些政治家在同我们的交往中，非常热衷于同我们探讨当今国际金融危机中，中国的道路怎么走、中国的理论是什么样的、中国的制度应该怎么样完善和发展等问题。拓展“三个自信”

理解的国际视域和世界眼光，对于坚定“三个自信”意义非凡。

七是从全面建成小康社会新要求的理解中，增强坚定“三个自信”的责任意识。实现全面建成小康社会的目标，现在的大学生将起着重要的作用；全面建成富强民主文明和谐的社会主义现代化国家，现在的大学生更将是主要的力量。在对党的十八大提出的全面建成小康社会的教育中，一定能增强他们对“三个自信”的责任意识。

八是从大学生自身成长的体验中，领会坚定“三个自信”的内在需要。要让大学生感受到“三个自信”是他们自身成长成才需要的东西。要使他们相信中国特色社会主义道路是正确的，他们的光明前途基于走好这条道路之中，他们未来的发展就寄托于这条道路不断发展之中。同样，这个制度对他们成长也是有益的，他们终将成为这个制度的建设者和拥护者，这个制度也为他们的未来发展提供重要保障。要使他们信服这个理论，认识到这个理论对指导他们成长成才的重要意义，在中国特色社会主义的未来事业发展中成就自己的人生价值观。

以“三个自信”来丰富拓展高校思想政治理论课的教学内容和课程体系，对提升大学生思想政治理论水平有着特别重要的意义。

第四节　习近平系列重要讲话中思想政治教育理论对高校“三全育人”的启示

在 2013 年 8 月召开的全国宣传思想工作会议上，习近平的重要讲话明确了宣传思想工作的基本职责，这就是“围绕中心、服务大局”；强调了宣传思想工作的要义，这就是“胸怀大局、把握大势、着眼大事，找准工作切入点和着力点，做到因势而谋、应势而动、顺势而为”。习近平还提出，高校“要把马克思主义作为必修课，成为马克思主义学习、研究、宣传的重要阵地”。10 年前，在党中央的关心、指导下，2005 年高校新的思想政治理论课程（“05 方案”）开始实施，2006 年初高校正式设置了一批马克思主义理论学科。现在，“05 方案”正在积极推进，马克思主义理论学科已经成为高校学科建设的重要方面，成为推进高校哲学社会科学学科建设的重要力量，正进入实现内涵式发展、提高学科建设质量和水平的新阶段。习近平从党和国家全局的高度对宣传思想工作重大理论和现实问题的阐述，包含了高校思想政治理论课程建设和马克思主义理论学科建设的新意蕴，展现了高校思想政治教育理论的新境界。

一、“两个巩固”与高校“三全育人”思想政治教育

习近平强调:“宣传思想工作就是要巩固马克思主义在意识形态领域的指导地位，巩固全党全国人民团结奋斗的共同思想基础。”马克思主义是我们立党立国的根本指导思想，是社会主义意识形态的旗帜，是全党全国各族人民团结奋斗、夺取建设中国特色社会主义新胜利的共同思想基础。从历史和现实结合上来看，习近平认为，“能否做好意识形态工作，事关党的前途命运，事关国家长治久安，事关民族凝聚力和向心力”。这“三个事关”，彰显了意识形态工作在引领社会、凝聚人心、推动发展中的强大支撑作用，阐明了意识形态工作的重大战略地位。

在高校思想政治教育的定位中，要从“大局”“大势”和“大事”上，深刻把握“经济建设是党的中心工作，意识形态工作是党的一项极端重要的工作”的内在联系及本质要求。党的十一届三中全会以来，以经济建设为中心，集中精力把经济建设搞上去、把人民生活搞上去，始终是我们党坚持的“大局”；坚持以经济建设为中心是坚持党的基本路线100年不动摇的根本要求，是解决当代中国一切问题的根本要求，始终是我们党坚持的“大势”；物质文明建设和精神文明建设都搞好、国家物质力量和精神力量都增强、全国各族人民物质生活和精神生活都改善，始终是我们党坚持的“大事”。在深化高校思想政治理论课程和马克思主义理论学科建设中，要从推动中国特色社会主义事业长远发展、从意识形态工作战略地位的高度，从“大局”“大势”和“大事”上拓展我们对为什么要以马克思主义为指导地位、如何以马克思主义为指导等重大理论和实践问题的认识，增强高校思想政治理论教育的自觉性和责任感。要准确把握马克思主义在意识形态这项“极端重要的工作”中的“指导地位”，深刻理解高校思想政治理论课程建设和马克思

主义理论学科建设的特殊定位。

在高校思想政治教育定位中，要深刻认识经济基础对上层建筑的决定作用，深刻认识上层建筑对经济基础的反作用。提高国家的综合实力，既包括硬实力，也包括软实力；既要切实做好中心工作、为意识形态工作提供坚实物质基础，也要切实做好意识形态工作、为中心工作提供有力保障。不能因为中心工作而忽视意识形态工作，也不能使意识形态工作游离于中心工作。在这方面，我们有过深刻教训。一个政权的瓦解往往是从思想领域开始，从意识形态上打开缺口的。政治动荡、政权更迭可能在一夜之间发生，但思想演化和意识形态蜕变却是一个长期过程。思想阵地被攻破、意识形态防线被击溃，其他阵地和防线就很难坚守。我们必须把以马克思主义为指导的意识形态工作的领导权、管理权、话语权牢牢掌握在手中，任何时候都不能旁落，否则就要犯无可挽回的历史性错误。面对当今世界思想文化领域交流、交融和交锋的态势，高校思想政治理论教育更要坚持高度的大局意识、政治意识和责任意识，推进马克思主义中国化的发展和创新，巩固马克思主义在思想理论领域的指导地位，维护和发展国家意识形态的安全。

“要深入开展中国特色社会主义宣传教育，把全国各族人民团结和凝聚在中国特色社会主义伟大旗帜之下”。这是当前宣传思想工作的重要任务，也是马克思主义理论学科建设的重要任务。习近平在党的十八届中央政治局第一次集体学习时的讲话中强调：“我们一定要以我国改革开放和现代化建设的实际问题、以我们正在做的事情为中心，着眼于马克思主义理论的运用，着眼于对实际问题的理论思考，着眼于新的实践和新的发展。”以中国特色社会主义的实际和实践为对象，是高校思想政治教育的特有定位。

适应这一要求，高校思想政治理论课程和马克思主义理论学科在建设方向上，要把马克思主义中国化时代化大众化研究放在重要位置。马克思主义中国化时代化大众化，凸现了马克思主义基本理论的科学内涵和精神实质，是对中国特色社会主义道路、理论体系和制度探索的聚合，是对马克思主义当代发展的新概括和新提炼。自《共产党宣言》发表近 170 年的历史证明，马克思主义基本原理与各国具体实际和时代特征的密切结合，是马克思主义理论生命力的根本所在。中国化马克思主义就是马克思主义基本原理与中国实际和现时代结合的理论结晶。在当代中国，坚持以马克思主义为指导，就是要坚持以中国化马克思主义即毛泽东思想和中国特色社会主义理论体系为指导，即如习近平在党的十八届一中全会上所指出的:“在当代中国，坚持中国特色社会主义理论体系，就是真正坚持马克思主义。”高校思想政治理论课程和马克思主义理论学科要把中国特色社会主义理论体系的研究放在更加突出的位置，要提升中国特色社会主义道路和制度探索的理论境界，要体现马克思主义当代发展的新概括和新提炼，要凸显马克思主义基本理论的时代内涵、时代精神和时代风格。

适应这一要求,高校思想政治理论课程和马克思主义理论学科在建设过程中，要着力展示中国特色社会主义理论视域和实践需要的广度和深度，能在现实、理论与历史的结合上，能在党性和人民性的统一上，能在维护国家意识形态安全和发挥意识形态引导功能的协同上，能在中国特色、时代特征与人类文明进步的联结上，彰显高校思想政治理论课程和马克思主义理论学科的解释力、影响力和作用力，提升中国化马克思主义的理论自觉、理论自信和理论自强。

二、“增强国家精神力量”与高校“三全育人”思想政治教育

习近平在全国宣传思想工作会议上的重要讲话，对社会主义精神文明建设理论做出新的理解，在肯定物质文明建设和精神文明建设都要搞好时，提出了“增强国家精神力量”的新观点；在肯定改善人民精神生活重要性时，阐释了“丰富人民精神世界，增强人民精神力量，满足人民精神需求”的新思想。对人民的“精神世界”“精神力量”“精神需求”在社会主义精神文明建设中重要地位和作用的阐述，拓展了高校思想政治教育的内涵和思路。

“丰富人民精神世界”，就要如习近平所要求的“把全国各族人民团结和凝聚在中国特色社会主义伟大旗帜之下”，提升对中国特色社会主义道路、理论体系和制度的认识高度。适应这一要求，高校思想政治教育要加强中国特色社会主义理

论和实践的研究，深刻把握中国特色社会主义道路、理论体系和制度三者的紧密结合，深刻阐明这三者在中国特色社会主义实践的协同推进、交互发展中历史的和理论的内在逻辑。党的十二大提出的“建设有中国特色的社会主义”的基本命题，确立了中国特色社会主义的道路选择、制度体制改革、思想理论建设的逻辑起点。在阐述“建设有中国特色的社会主义”这一基本命题时，邓小平首先提出的就是道路选择的问题。“我们的现代化建设，必须从中国的实际出发。无论是革命还是建设，都要注意学习和借鉴外国经验。但是，照抄照搬别国经验、别国模式，从来不能得到成功。这方面我们有过不少教训。”道路选择要坚持“从中国的实际出发”的思想路线，要科学对待“别国经验”、 “别国模式”。显然，学习和借鉴外国的经验是要为我们服务的，是要更好发展我们自己的；如果就此以别国的经验和模式为圭臬，就会迷失我们自己的方向和根本，甚至否定了自己。其次，在道路选择、思想理论建设与制度体制改革的关系上，邓小平强调的“进行机构改革和经济体制改革，实现干部队伍的革命化、年轻化、知识化、专业化；建设社会主义精神文明；打击经济领域和其他领域内破坏社会主义的犯罪活动；在认真学习新党章的基础上，整顿党的作风和组织”这“四件工作”，包含了经济体制和政治体制改革、社会主义法制建设和健全，以及党的组织制度改革和作风建设问题等。这些面向新世纪的制度体制改革发展的重大问题，是“我们坚持社会主义道路，集中力量进行现代化建设的最重要的保证”。最后，道路选择开辟r制度体制改革的基本方向，制度体制改革又为道路实践提供了根本保障。这两个方面集为一体，才得出了“把马克思主义的普遍真理同我国的具体实际结合起来，走自己的道路，建设有中国特色的社会主义”这一“我们总结长期历史经验得出的基本结论”，才奠定了邓小平理论的基本结论。中国特色社会主义发展到哪一个阶段都有道路、理论和制度的建设和发展问题。中国特色社会主义道路是实现途径，中国特色社会主义理论体系是行动指南，中国特色社会主义制度是根本保障，它们统一于中国特色社会主义的实践，并随着实践而不断发展和完善。从人民的实践与历史中提炼的理论的内在逻辑，能够更为广泛地激励以人民为主体的精神世界的发展和创新，能够更为深刻地激发实现中华民族伟大复兴的中国梦的坚定信念。

“增强人民精神力量”，就要如习近平所要求的“要加强社会主义核心价值体系建设，积极培育和践行社会主义核心价值观”，全面提升民族的思想道德素质。适应这一要求，高校思想政治理论教育要在社会主义核心价值体系建设中发挥更大的理论引导和实践指向作用。社会主义核心价值体系是兴国之魂，是社会主义先进文化的精髓，是社会主义意识形态的本质体现，是中国特色社会主义精神力量的内核。社会主义核心价值体系建设要以中国化马克思主义为指导，在全社会形成统一指导思想、共同理想信念、强大民族精神和时代精神力量及基本道德规范，积极探索践行和实施社会主义核心价值观的有效途径和载体。社会主义核心价值体系要融入国民教育、精神文明建设和党的建设全过程，贯穿于改革开放和社会主义现代化建设各领域。社会主义核心价值观是社会主义核心价值体系的内核力和聚焦点，渗透于社会主义核心价值体系的各个方面。培育和践行社会主义核心价值观，是建设社会主义核心价值体系的根本任务，是加强社会主义核心价值体系建设的最为基本的、最为重要的方面。

“增强人民精神力量”，就要如习近平所要求的“坚持巩固壮大主流思想舆论，弘扬主旋律，传播正能量，激发全社会团结奋进的强大力量”。适应这一要求，高校思想政治教育要在弘扬主旋律和传播正能量的理论研究和现实践行中发挥更大的作用。弘扬主旋律，才能树立社会思想的主心骨；传播正能量，才能凝聚社会发展的动力源。在事关坚持还是否定四项基本原则的大是大非和政治原则问题上，必须增强主动性、掌握主动权、打好主动仗，找准思想认识的共同点、利益关系的交汇点、化解矛盾的切入点，划清是非界限、澄清模糊认识，引导社会情绪、社会心理朝着积极健康的方向发展。高校思想政治理论教育要能在积极引领社会思潮中发挥中坚作用，在多元中立主导、在多样中谋共识、在多变中定方向。

“满足人民精神需要”，就要如习近平所要求的“把握好时、度、效，增强吸引力和感染力，让群众爱听爱看、产生共鸣，充分发挥正面宣传鼓舞人、激励人的作用”。适应这一要求，高校思想政治理论教育要“接地气”，要坚持深入社会、深入民众、深入实践的“田野”研究过程和方法。高校思想政治理论课程和马克思主义理论学科建设的真实的生命活力，在于真正地贴近、贴紧中国社会的实际，改变单纯在“书斋”里研究理论、建立体系的现象；要切实改变学术成果纯粹是论文或专著的现象，要突出对经济、政治、文化、社会、生态文明建设以及党的建设等发展有重要意义的成果的肯定和褒扬；要把学术成果写在中国特色社会主义发展的过程和环节中，形成有利于、有助于中国特色社会主义发展的咨询报告、政策建议、发展规划等学术成果的集聚特色，真正体现高校思想政治理论课程和马克思主义理论学科在实现中华民族伟大复兴的中国梦，在实践中国道路、弘扬中国精神、凝聚中国力量中的推动力、作用力和影响力。

高校思想政治教育的内涵拓展，还包括高校思想政治理论课程和马克思主义理论学科建设的方法和方式的拓展。在课程和学科建设上，要建立一批农村、企业和社区的试验基地，更为有效地弘扬理论联系实际的优良学风；要建立以现代数字化技术为基础的广泛的调研和信息网络，改变单纯性质研究缺乏数量判断的研究方式，及时而准确地把握人民物质需要和精神需要的新变化和新趋势；要探索“旋转门”制度，使更多的理论研究人员能够在中国发展实事、实地的体验中实现理论发展和创新；要建设好有影响的“智库”，在理论建设上突出中国学派，在战略研究上彰显中国意识，在社会引领上弘扬中国话语，在政策建言上形成中国方案，在增强人民精神力量、满足人民需要和服务国家战略需要上承当更大的社会责任和历史使命。

三、培育社会主义核心价值观与高校“三全育人”思想政治教育的要求

“要加强社会主义核心价值体系建设，积极培育和践行社会主义核心价值观”。社会主义核心价值体系是兴国之魂，是社会主义先进文化的精髓，是社会主义意识形态的本质体现，是中国特色社会主义精神力量的内核。社会主义核心价值观作为社会主义核心价值体系的内核力和聚焦点，渗透于社会主义核心价值体

系的各个方面。高校思想政治理论教育要在建设社会主义核心价值体系、培育社会主义核心价值观中发挥更大的理论引导和实践指向作用。

每个时代都有其时代精神，都有作为时代精神的共同思想基础的价值观念。社会主义核心价值观，反映了全国各族人民共同认同的价值观的“最大公约数”。在核心价值观中，富强、民主、文明、和谐是国家层面的价值要求；自由、平等、公正、法治是社会层面的价值要求；爱国、敬业、诚信、友善是公民层面的价值要求。在习近平看来，“核心价值观，其实就是一种德，既是个人的德，也是一种大德，就是国家的德、社会的德。国无德不兴，人无德不立。”因此，核心价值观三个层面的概括，“实际上回答了我们要建设什么样的国家、建设什么样的社会、培育什么样的公民的重大问题”；核心价值观三个层面的遵循，就是“明大德、守公德、严私德”。

社会主义核心价值观对“明大德、守公德、严私德”践行和遵循的要求，把涉及国家、社会、公民的价值要求融为一体，深刻体现了社会主义本质要求，传承了中华优秀传统文化，也体现了时代精神、彰显了中国精神。高校思想政治教育在社会主义核心价值观建设中的理论引导和实践指向作用，首先就体现于“明大德、守公德、严私德”的培育、践行和遵循中。

历来的思想政治教育，突出于“私德”的培育和践行问题。显然，“严私德”是以公民个人为对象的，但其教育面最为宽泛、受教育者最为广大、教育层次最为基础、教育成效也最为直接，在培育和践行社会主义核心价值观中具有重要的地位。与“严私德”相比较，对“大德”“公德”的教育和践行还缺乏力度和深度，甚至多有缺失或时有忽视，存在着把“大德”“公德”教育和践行完全加以人格化，被“私德”所覆盖，思想政治教育以“私德”为出发点和归宿点的偏向。当然，“大德”“公德”有细化为、有可归结为“私德”的一面，但也有其整体化的、不可细化的一面。例如，在“大德”上，如习近平指出的，“建设富强民主文明和谐的社会主义现代化国家，是我们的目标，也是我们的责任，是我们对中华民族的责任，对前人的责任，对后人的责任。我们要保持战略定力和坚定信念，坚定不移走自己的路，朝着自己的目标前进”。这里的“我们”，作为“大德”的践行主体，就不能简单地细化为“私德”的个人主体。“大德”弘扬，呈现的将是中国道路、中国精神和中国力量，对于国家和民族来讲就是要清楚“自己是谁，是从哪里来的，要到哪里去，想明白了、想对了，就要坚定不移朝着目标前进”；“大德”践行，承诺的将是“中国已经发展起来了，我们不认可‘国强必霸’的逻辑，坚持走和平发展道路，但中华民族被外族任意欺凌的时代已经一去不复返了”；“大德”遵循，始终不渝的将是“同这个民族、这个国家的历史文化相契合，同这个民族、这个国家的人民正在进行的奋斗相结合，同这个民族、这个国家需要解决的时代问题相适应”。

“培育和弘扬核心价值观，有效整合社会意识，是社会系统得以正常运转、社会秩序得以有效维护的重要途径，也是国家治理体系和治理能力的重要方面。历史和现实都表明，构建具有强大感召力的核心价值观，关系社会和谐稳定，关系国家长治久安。”习近平这里提出的，就是在实现国家治理体系和治理能力现代化中如何“明大德”的重大课题。党的十八大以来，习近平对“中国梦”的阐释，就十分关注其中“大德”的意蕴。2012 年 11 月，习近平在参观“复兴之路”展览第一次提到中国梦时就强调：“实现中华民族伟大复兴，就是中华民族近代以来最伟大的梦想”。中国梦是对中华民族近代以来追求“国家富强、民族振兴、人民幸福”夙愿的升华，是中国人对于国家、民族和个人未来的美好憧憬，是对坚持中国道路、弘扬中国精神、凝聚中国力量的宣示，是对坚持道路自信、理论自信和制度自信的担当，也是对推动建设公正、民主、和谐的世界秩序的真诚追求。国家之“大德”寓于中国梦之中，因此，“中国梦的宣传和阐释，要与当代中国价值观念紧密结合起来。中国梦意味着中国人民和中华民族的价值体认和价值追求，意味着全面建成小康社会、实现中华民族伟大复兴，意味着每一个人都能在为中国梦的奋斗中实现自己的梦想，意味着中华民族团结奋斗的最大公约数，意味着中华民族为人类和平与发展做出更大贡献的真诚意愿”。

“明大德”的思想政治教育的内容和形式体现在多个方面，如习近平提出的，主要有“一些重大礼仪活动要上升到国家层面，以发挥其社会教化作用”，起到“传播主流价值观，增强人们的认同感和归属感”；在国家层面的“制度设计、政策法规制定、司法政策行为等都置于核心价值观念的统摄之下”；“各种社会管理要承担起倡导社会主义核心价值观的责任”等等。国家礼仪、国家制度设计、政策法规制定、司法政策和社会管理原则，是国家层面核心价值观的宣示，是国家层面核心价值观的实现载体。

习近平对中国梦中体现的当代中国“大德”意蕴的阐释，充分体现了“明大德”的性质、内涵、形式和意义。“明大德”是国家的思想内涵，是国家的政治形象；是国家的价值体认，是国家凝聚民族精神和人民力量的“神器”；是坚持道路发展、制度完善和理论创新的软实力；是国家的世界形象和内在活力的根本证实。思想政治教育勇于探索，能够承担起“明大德”及其与“守公德”“严私德”整体并进的理论研究和实践引导。

四、中华民族优秀传统文化与思想政治教育的发展

高校思想政治教育的中国特色和中国样式，是学科创新的基本路径，也是学科建设的卓越追求。习近平在谈到“培育和弘扬社会主义核心价值观作为凝魂聚气、强基固本的基础工程”时，明确要求“继承和发扬中华优秀传统文化和传统美德”，“积极引导人们讲道德、尊道德、守道德，追求高尚的道德理想，不断夯实中国特色社会主义的思想道德基础”。对于培育和弘扬社会主义核心价值观需要这样，对于整个思想政治教育的发展和创新也需要这样，需要在“继承和发扬中华优秀传统文化和传统美德”中，不断显现思想政治教育中国特色的基因，不断落实高校思想政治教育中国样式的特质。

博大精深的中华优秀传统文化中蕴含的思想精华和育德哲理，是我们树立正确的世界观、人生观和价值观的思想文化沃土。习近平曾提到：“古人所说的‘先天下之忧而忧，后天下之乐而乐’的政治抱负，‘位卑未敢忘忧国’‘苟利国家生死以，岂因祸福避趋之’的报国情怀，‘富贵不能淫，贫贱不能移，威武不能屈’的浩然正气，‘人生自古谁无死，留取丹心照汗青’‘鞠躬尽瘁，死而后已’的献

身精神等，都体现了中华民族的优秀传统文化和民族精神，我们都应该继承和发扬。”这里提到的“政治抱负”“报国情怀”“浩然正气”和“献身精神”等方面的精神与美德，体现了中华优秀传统文化的精粹。2014 年“五四”青年节，习近平在对大学生的讲话中，从践行核心价值观的角度再次提到：“我们提倡和弘扬社会主义核心价值观，必须从中汲取丰富营养，否则就不会有生命力和影响力。比如，中华文化强调‘民为邦本’‘天人合一，‘和而不同，，强调‘天行健，君子以自强不息’‘大道之行也，天下为公，；强调‘天下兴亡，匹夫有责’，主张以德治国、以文化人；强调‘君子喻于义’‘君子坦荡荡’‘君子义以为质’；强调‘言必信，行必果’‘人而无信，不知其可也’；强调‘德不孤，必有邻’‘仁者爱人’‘与人为善’‘己所不欲，勿施于人’‘出入相友，守望相助’‘老吾老以及人之老，幼吾幼以及人之幼’‘扶贫济困’‘不患寡而患不均’，等等。”所有这些思想和理念，具有鲜明的民族特色，都有其“永不褪色的时代价值”，蕴含了“中国人的独特精神世界”和“百姓日用而不觉的价值观”。要着力体现“我们提倡的社会主义核心价值观，就充分体现了对中华优秀传统文化的传承和升华”，注重中华优秀传统文化在当代中国的传承和升华。习近平系列讲话中体现的这些重要精神和思想，应该在高校思想政治教育的新的进程中得到切实落实和贯彻。

博大精深的中华优秀传统文化中蕴含的思想精华和育德哲理，是把握社会主义核心价值观内涵的思想文化渊源。习近平作过这样的释义：“中国古代历来讲格物致知、诚意正心、修身齐家、治国平天下。从某种角度看，格物致知、诚意正心、修身是个人层面的要求，齐家是社会层面的要求，治国平天下是国家层面的要求。”深刻理解“修身”“齐家”“治国”“平天下”古训的寓意，能够升华我们对社会主义核心价值观中国家、社会、个人三个层面的关系，以及“明大德、守公德、严私德”的理解。中华传统美德中积淀的中华民族最深层的精神追求，是中华民族独特的精神标识，也是塑造高校思想政治教育中国气质和激扬思想政治教育学科中国风格的最为丰富的精神资源和文化源泉。

博大精深的中华优秀传统文化中蕴含的思想精华和育德哲理，是实现社会主义核心价值观“创造性转化、创新性发展”的思想文化滋养。对中华优秀传统文化的继承和弘扬，重要的是在创新中转化和发展。这就如习近平所强调的：“坚持马克思主义道德观、坚持社会主义道德观，在去粗取精、去伪存真的基础上，坚持古为今用、推陈出新，努力实现中华传统美德的创造性转化、创新性发展，引导人们向往和追求讲道德、尊道德、守道德的生活，让13亿人的每一分子都成为传播中华美德、中华文化的主体。”高校思想政治教育要把中华民族追求的美好崇高的道德境界，一代接一代地传承下去，在创造中转化、在创新中发展，使其闪烁着时代的新的光彩和盎然生机。

博大精深的中华优秀传统文化中蕴含的思想精华和育德哲理，也是把当代中国价值观念贯穿于国际交流和传播各方面的文化载体。习近平提出，“要加强对中华优秀传统文化的挖掘和阐发，努力实现中华传统美德的创造性转化、创新性发展，把跨越时空、超越国度、富有永恒魅力、具有当代价值的文化精神弘扬起来，把继承优秀传统文化又弘扬时代精神、立足本国又面向世界的当代中国文化创新成果传播出去。”在这里，特别要讲清楚中华传统美德的历史渊源、文化内涵、发展脉络和基本走向，讲清楚中华传统美德的民族气质、独特创造、价值理念和鲜明特色，增强实现中华传统美德的创造性转化、创新性发展的自觉自信自强。思想政治教育学科的开放性，既体现在学习和借鉴人类优秀思想文化成果上，也体现在继承和弘扬中华传统美德上，更体现在立足创新，用中国的文化样式和话语体系解读中国实践、中国道路、中国形象，不断概括出理论联系实际的、科学的、开放融通的新概念新范畴新表述，形成具有中国特色、中国气派的高校思想政治教育的理论与体系。

第三章　新时代高校“三全育人”的环境研究

随着信息化时代的全面到来，我国高校育人工作遇到了前所未有的机遇和挑战。高校作为思政育人、培养高素质人才和培养合格的社会主义接班人的重要场所，其育人功能的有效发挥受到内部精神文化、制度文化及外部物质环境的影响和制约。如何正确理解、科学设计、建立扎实有效的育人环境是实现“三全育人”的关键。

第一节　新时代高校“三全育人”环境的功能

育人工作离不开环境因素，这是由人的社会属性所决定的。人的成长自出生后就会受到周围环境的制约，其思想品性和行为方式也都会受环境影响和后天教育而改变。华中理工大学博士生导师刘献君教授的理论专著《人类之治》中提到了一个生动而有趣的“泡菜理论”：泡菜是在长期的浸泡浸润中形成的，泡出来的白菜、萝卜的味道，往往取决于泡菜汁的浓度和味道；泡菜的质量关键在于泡菜汁的质量，因此，调制好高质量的泡菜汁对泡菜是否爽口、是否受顾客欢迎起着关键的作用。“泡菜理论”体现了育人氛围与环境的功能。学校的育人氛围与环境，就好比泡菜汁；而营造良好的育人氛围与环境，就如同调制好的上乘的泡菜汁，决定着所培养的毕业生的质量与素质，决定着毕业生是否受用人单位欢迎。调配味道鲜美可口的泡菜汁的手艺，就是我们要探索、建立良好育人环境的手段和方法。那么，高校“三全育人”环境的功能有哪些呢？

一、协同功能

环境育人是实现“三全育人”的重要组成环节，是高校人才培养系统的子系统。高校环境育人系统包括物质环境和精神环境。物质环境包括教学建筑、生活建筑、食堂、超市等提供学生日常学习和生活的一切场馆建筑，精神环境包括在教学环境中体现校园文化意蕴、营造校园良好氛围的一切手段，如雕塑、道路标示等，这些都为育人提供外围的辅助协同功能。

二、教育功能

通过整洁优美的校园环境和丰富多彩的精神环境，潜移默化地实现教育学生、陶冶其情操、培养其品格的目标。相较于其他育人手段，环境育人的教育目标实现方式是潜在的、隐性的，例如通过搭建学校创始人或者取得巨大社会成绩的校友雕塑、校史陈列专栏、校友介绍、名言名句，仿佛讲述着学校悠久的传统，厚重的人文气息扑面而来，涤荡着学生心灵；设立宣传栏宣传学校的办学理念、校风教风，可以彰显学校高品质的追求；设置名师风采榜、光荣榜等，可以形成倡树榜样、争做榜样的良好氛围。

三、持续教育功能

环境育人的功能在于除了通过显性的物质环境以外，更多的通过潜在的隐性因素进行高校育人的营造。在影响人才培养的环境因素中，大学精神、办学理念、教风学风、科研氛围、规章制度等都对人才培养可持续发展起着维持的作用。这些因素既要能够较好地体现教育者的价值追求和教育理念，又需要较长时间维护、保持正常运转，实现持续教育功能。

第二节　新时代高校“三全育人”环境的特点

高校“三全育人”环境是一个涵盖多个层面、包含多种因素的综合体，从大的方面来讲，凡是对学生思想产生影响的外部因素都属于此范畴。既有物质环境因素，如学校地理环境、校舍布局、图书馆、实训楼、运动场、食堂、宿舍等，又包括精神因素，如校风、学风、教风、学术氛围、舆论氛围等。两者相辅相成，缺一不可。这些物质因素与精神因素构成了特定的内容，具有鲜明的特点。要建立良好的、对教育有促进作用的高校育人环境，需要从多方面人手，齐抓共管。马克思、恩格斯对未来社会的发展方向作出了科学构想：“在那里，每个人的自由发展是一切人的自由发展的条件。高校就成为实现这一目标的实践场地。

一、育人设施环境具有系统性

不同的大学，其校园物质设施会有所相同。每个学校的自身发展状况和经济基础决定了校园校舍、宿舍、食堂、图书馆、实验室、运动场地等设施的构成，这些是培养学生全面素质的基本条件。每一个学校的物质设施不仅可以在一定程度上反映经济社会发展的程度，也体现了一个国家、一个地区对教育的重视程度，更反映了这个学校的发展侧重。例如，注重科研的学校会加大科研、实验室的建设，注重实训实习的学校会倾向实训基地的建设。

二、育人心理环境具有协调性

党的十六届六中全会首次提出：“注重促进人的心理和谐，加强人文关怀和心理疏导。”党的十九大再次强调：“加强和改进思想政治工作，注重人文关怀和心理疏导，用正确的方式处理人际关系。”“心理疏导”字眼多次出现，既彰显了党中央对大学生的人本关怀，也充分说明大学生心理健康问题已成为影响校园稳定和学生素质培养的一大隐患。

青年学生这个群体处于个体主观意识正在形成且易受外界的舆论环境、物质环境影响的阶段。大学生思想关注焦点日趋广泛，既看重物质利益也注重情感交流，常常会陷入个人问题不能自拔。有些大学生受社会不良风气影响，过于重视物质价值取向和外在条件发展，忽视了精神价值取向和内在人文精神的培养，致使个人过于看重物质利益，在人际关系上缺乏关爱及和谐，心理承受力弱，易与他人发生冲突，致使自身的发展陷于盲目和功利。在面对复杂的人际交往冲突时，有些学生往往缺乏正确合适的处理方式，容易引起情绪上的波动，如果处理不当，将会出现抑郁、自闭、暴力倾向，严重者甚至会产生自杀行为。因此，重视学生的心理健康问题，营造良好的育人环境，就显得十分重要。

三、育人舆论环境具有广泛性

社会舆论关系社会稳定，关系人心向背，关系国家的软实力。当今社会处于信息爆炸时代，各种社会思潮纷纷涌现，社会舆论空前活跃，对青年学生正确的世界观、人生观、价值观的形成带来了诸多挑战。如何在新时期坚持正确的理论导向，把握中国特色社会主义理论体系的思想主轴，不断增强用社会主义核心价值体系引领社会思潮的引导力成为全过程、全方位育人的重要问题。同时，作为思想政治教育的有力补充，校园舆论环境对良好的学风、校风、教风的形成起到了影响作用。因此，一方面，高校的思想政治教育工作要善于从舆论环境中汲取营养，创新教育内容和教育手段；另一方面，要坚持舆论的导向性，以科学的世界观、人生观、价值观来影响学生，引导学生树立正确的理想信念，为学生营造积极向上的思想氛围。

四、育人教学环境具有示范性

唐代文学家韩愈对教师的工作有精确的定义：“师者，所以传道授业解惑也。”教师在传道授业解惑的过程中，不仅会传授给学生专业知识，自身的思想、品性也会影响到学生的道德品质、行为习惯、情感意志、行事风格的养成。高校教学环境是教学与教育的高度统一，无论是专业教师还是教辅人员，只要进入校园这个大的教学环境中以后，都应该约束自己的言行举止，因为他们的一言一行都是对学生的示范。

因此，不同工作岗位的教育者都应该从自身出发，严格履行教育职责，例如，专业教师要通过自身孜孜不倦、刻苦钻研的精神潜移默化地感染学生，教学管理者要用细致周到的服务让学生感受到关怀，形成在生活上关爱学生、思想上引导学生、学习上指导学生的良好教育氛围。发挥专业课教师、管理人员教书育人、管理育人、服务育人的作用，切实形成全员育人、全程育人的育人环境，为学生营造积极向上的思想氛围。

五、育人网络环境具有开放性

根据2018年《中国青年报》发布的我国国民获取信息手段调查的调研报告显示，90%的国民习惯性获取信息的渠道为互联网，每天通过互联网获取信息咨询、学习工作、交际联络、娱乐的平均时间为3.32小时，尤其是青年学生，每日上网时间达到6.12小时。68.1%的学生表示无法接受高校环境育人缺陷的第一位是：没有网络。这些数据充分体现了互联网已经深度介入民众生活的方方面面，并且深刻影响青年人的日常生活习惯和行为方式。因此，新时期的育人环境不再是单一的现实环境，还包括虚拟的网络环境。原有的传统育人手段已经不能适应青年学生的需求，有一定的局限性和片面性。网络环境是全天候开放的，任何人只要进入互联网就会有获取信息、人机交流的效果。一方面，它是适应和促进人的发展与网络发展的新形态思想政治教育模式，能够快速提供海量信息，对学生具有极强的吸引力和感染力；另一方面，网络信息良莠不齐，积极因素与消极因素同在，正向激励与负向诱惑交错。因此，我们要加强德育网站建设，利用网络和影像技术，关注学生感兴趣的学习、生活、心理健康、就业以及爱情、婚姻等热点，主动搭建微博、微信、QQ群等新媒体平台开展思想教育工作。同时，我们还要积极组建网上“环保”队伍，培养一支具有较高政治理论水平、熟悉思想政治教育并且掌握网络技术的管理人员，用健康的思想文化占领网络阵地，净化校园网络环境，开展“网络清洁活动”；开展网络德育建设，帮助和引导学生增强自律意识，自觉抵制和排斥不良信息，真正做到网络的管理与建设并重，使育人工作由“灌输式”转向“渗透式”，使受教育者从一味被动地听从到主动参与。

六、育人文化环境具有隐蔽性

校园文化环境是一个整体的概念，它由校园、文化、环境三方组成。这三方可以独立存在，同时又能两两组合，产生新的含义。周先进在《高校德育环境论》一书中对高校校园文化环境有比较完整的归纳：“高校文化环境就是特指高校文化系统诸要素的综合，包括国家的思想和意志在高校的体现，民族传统文化对高校的影响，社会的道德风尚在高校的辐射以及高校自身的教育、科技、文化、体育事业等诸要素”。校园文化建设具有能实现道德转变和思想控制的社会支撑力。它通常通过校园物质文化环境，例如校园雕塑、道路景观、艺术标志、绿化环境等，给学生以隐性熏陶的形式，与其内心精神追求相契合。如郑州大学的校训是“明时风、达治体，文而不弱，武而不暴，蹈厉奋进，竭忠尽智，扶危邦，振贫民”，校风是“笃信仁厚、慎思勤勉”，校园的道路普通高等学校“三全育人’研究以天健路、顺势路等命名，使学生有亲切感和共鸣感。校园文化建设也可以借助校园文化活动、主题讲座、社会实践活动、社团活动、第二课堂等精神层面活动，这是道德精神外化的具体体现。它的教育效果都是隐性的、无声无息的。例如，高校可结合时代特色，依托建党节、国庆节、五四青年节等纪念日，有步骤、有计划、有目的地开展各种主题活动，传递爱国精神，使青年学生铭记历史，增加社会责任感。

第三节　新时代高校“三全育人”环境存在的问题

在人类社会发展历程中，环境与人之间自始至终存在着互相影响、互相制约的关系，国内外诸多教育学家很早就认识到环境重要的不可替代的育人功效，同时，环境育人是把双刃剑，不良的、消极的环境将会给育人工作带来很多阻力。

一、信息时代文化思潮产生的不良影响

马克思指出：“整个所谓世界历史不过是人通过人的劳动而诞生的过程，是自然界对人来说生成的过程。”对一个人而言，其成长就是改造环境、适应环境的过程。21世纪是一个充满机遇与挑战的世纪。科技、文化信息以光波的速度在全世界范围传递，世界格局走向多元化，各国的文化、知识、科技杂糅成无法分辨的影响成分，相互碰撞、相互争夺使各国文化趋于同质化、均质化，民族传统和民族特色逐渐消失。同样，中国作为一个有着五千年文化历史积淀的国家，许多优秀的道德价值观

念都受到极大挑战，优秀传统文化正在逐渐遗失。在此背景下，由于政治观念、社会性质、经济发展存在着巨大的差异，中国成为西方资本主义制度国家挑衅和打压的主要对象，它们企图通过“自由、民主、人权、博爱”的幌子达到“隐形侵略”的目的，极力削弱大学生对祖国的民族意识和爱国热情，让腐化学生内心的个人主义、享乐主义、拜金主义、奢靡之风吞噬他们原本正确的思想道德意识和价值选择。

二、市场经济快速发展带来的负面效应

虽然，快速发展的社会主义市场经济使人们的物质文化生活得到了极大的提高，人们的经济收入翻了几番，生活水平得到巨大改善，人们在和平、富足的生活环境里，开始追求精神层面的需求，思想观念开始摆脱封闭的禁锢，展现出自信、平等、开放、积极的精神状态。但它是一把双刃剑，既能带来积极影响也会产生负面效应。由于目前我国尚处于社会主义小康阶段，社会结构的转型、社会资源和利益分配的调整，贫富差距的变大，都给人们的思想观念和价值取向带了巨大的变化，导致功利主义思想蔓延、集体主义观念淡薄、社会主义信念模糊、道德失范现象严重等。这种不良反应也会波及高校教育环节。例如，高校育人计划过于贴合市场经济需求，却缺失素质教育；一味扩大招生或者违规招生，却缺乏师资队伍建设和配套管理；校园环境混乱，难以满足学生学习、生活需求；等等。种种来自经济利益的诱惑严重阻碍了大学生的健康成长与学校德育环境的有效施展。

三、网络信息文化带来的双向冲击

据中国互联网络信息中心2018年2月提供的数据显示，截至2017年12月，中国网民规模达7.72亿，全年新增网民4 074万人。互联网普及率为55.8%，较2016年底提升2.6个百分点。青少年尤其是在校大学生成了网络使用者中最活跃的群体。现阶段人们获取资讯信息的手段已经基本被网络垄断，虽然网络信息有容量大、信息广、包容性强、便捷快速、即时新颖等优点，但是信息存在的价值导向问题却为青年学生的思想政治教育带来了极大的挑战。

虽然网络的兴盛为大学生自主学习和人际交往提供了丰富的资源，使他们更

加贴近社会、更加了解社会，但另一方面，由于国际形势的严峻，网络信息的多元、网络沟通的交互和内容传递的同时也影响着青年学生正确的价值判断。例如，目前网络流行的短视频交际平台—抖音，它成为时下年轻人最为追捧的新的媒介传播方式。在这个平台上，我们可以发现许多为了博取点击流量、获得经济利益的不法分子，做出了许多触犯人们道德底线甚至法律底线的行为，而这些行为却被许多年轻人津津乐道、积极效仿，模糊着他们分辨是非的能力、消磨着他们的意志信念，导致大学生用网道德的不稳定，给高校德育的主导性、实效性带来了无形的障碍。

第四节　优化新时代高校“三全育人”环境的原则

优化高校育人环境的目的是更好地发挥环境育人的积极作用，消除或者尽可能转化环境中的消极因素。从高校全方位、全过程育人环境的新变化可以看出，高校思想政治教育机遇与挑战并存。要在新时期达到最佳的育人效果，就要与时俱进，抓住机遇迎接挑战。因此，需要牢牢把握优化高校育人环境的几大原则。

一、实事求是的原则

由于当今世界处于全球化进展加速时期，我国经济迅猛发展，信息化时代全面到来，分配方式、社会阶层、利益关系日益多样化，整个社会的面貌都发生了广泛而深刻的变化。这些变化既给高校育人工作带来了良好的机遇，也带来了新的挑战。加之我国不同的地区不同的学校发展状况都不尽相同，各有侧重，这就要求我们的育人工作要本着实事求是的态度，根据新形势、调整新方向、切合新实际。同时，由于育人对象的思想品德发展现状和精神世界发展的要求是开展育人工作的前提和依据，在现实生活中，教育对象分为不同的类型和层次，其精神需求和思想实际千差万别，因此教育方法要因势利导、因人而异。不可“一刀切”、跟风走，不讲究方式、方法，不分对象、条件、场合，照本宣科、生搬硬套、老生常谈、空话套话连篇的做法坚决不能要。

二、整体一致的原则

大学阶段是青年思想价值观形成的关键阶段，高校是培养社会主义现代化建设人才的主要场所，但是和谐有效的育人环境包含了很多方面，各个方面都需要在育人目标上保持一致，形成合力。从宏观角度来讲，育人环境可以大致分为校园育人环境、社会育人化境、家庭育人环境、制度育人环境等，它是一个有机整体，彼此之间相互联系、相互交融，不可分割，无法进行局部拆解来逐一分析。我们必须在遵循教育规律的基础上，紧紧围绕育人目标，有序推进人才培养的各项活动。因此，高校要塑造良好的物质环境，为学生提供高雅、舒适的学习生活环境；要加大校园文化建设，营造良好的学风和校风；要加大网络文化建设和新媒体的合理利用，打造新的、易为青年学生接受的网络教育新手段；要以“一切为了学生、为了学生一切”为宗旨，提高服务学生的质量，并达到服务育人的良好效果；要积极建立社会—学校—家庭三位一体的整体育人体系，发挥各自功效，形成育人合力。

三、长期坚持原则

良好的育人环境和氛围是经过长期的历史积淀形成的，也是在特定的历史条件下和办学传统中孕育出来的。校园文化环境的建设是无法一跳而就的，而是需要一个适应环境和改造环境互为影响、互为促进的过程，同时一个良好的校园文化环境需要经过精心的设计和不懈的追求，能够充分体现学校的历史厚重感和独特的文化追求。当全体师生的智慧、品德与情感无声地依附在校园的建筑物、自然景观及日常生活之上时，就能够发挥环境育人的良好效果了。这些目标的实现都需要一个较长的历史时间，因此育人工程要有“咬定青山不放松”的劲头，长期坚持下去。

第五节　优化新时代高校“三全育人”环境的措施

积极优化“三全育人”环境，必须努力构建“理念为先、能力为本、全程互动、制度保障”的环境育人体系，遵循高等教育工作规律，切实提升育人质量。

一、构建独特的物质文化环境

“育人是一种内隐与外显共存的文化架构，而文化具有永恒的内在力量，是统摄、驾驭其他社会要素的特殊存在。环境育人的模式、结构等与高校人才培养之间要协调统一。”高校为了更好地实现育人目标、凝练大学精神、营造良好氛围，需要根据学校的人才培养计划对物质环境进行科学有效的整体规划和设置，一方面，通过构筑能够满足教学科研、学习生活需求的建筑，建立优美整洁、景物自然和谐的校园环境，通过建设高品位、有底蕴、有文化色彩的自然景观，建设亭台楼阁、假山、花园、林荫小道等，美化校园环境。用无声的语言传递校园的文化底蕴，激发学生的热爱之情和对真、善、美的独特情感，使其能够成为一所学校的文化符号，例如北京大学校园里的“未名湖”、武汉大学的“樱花大道”。另一方面，要营造良好校园氛围，实现环境育人潜在教育功能。例如在校园内设立“晨读厅”和“英语口语角”，引导学生良好学风建设，开展“校园道路命名活动”、最美班级评比、宿舍文化大赛等活动，引领青年学生参与学校环境建设，增强学校主人翁意识，达到“润物细无声”的良好育人效果。高校管理者要重视环境育人的环节，加大投入力度，做好顶层设计，切实将其纳入人才培养整体方案里统一谋划。最后，要加强人文环境的打造。人文环境是后天营造的一种包含文化思想的物质文化。通过雕塑、格言、道路命名等，激活人的视觉神经，使其具有潜移默化的思想渗透力，催人奋进，助人自省自律。所以，要善于开发和新建形式多样、新颖、独特的人文景观，实现育人范围在数量上和空间上的拓展，开辟集趣味性、知识性、思想性于一体的人文环境，改变单一、缺乏效率的育人方式。

二、打造积极的校园文化环境

在一所大学里，如果说物质环境是打造人才的“硬环境”的话，那么校园文化环境则是“软环境”，其中的“校园精神”“校园文化”是构成“软环境”的诸多因素中最重要的部分，是其大脑和灵魂，是一种不可缺少的软实力。“一所大学为了肩负起社会的重托，完成历史赋予的使命，应该有自己的校园文化和精神，因为它是大学的精神支柱，是潜移默化师生员工人格品质的隐性课程的体现。”

（一）加强社会主义核心价值体系的培养

社会主义核心价值体系是高校校园文化存在的理论基础，是我党历经时代的考验后，积淀、传承、创新、发展的精华内容，包括“马克思主义的指导思想和中国特色社会主义共同理想、以爱国主义为核心的民族精神、以改革创新为核心的时代精神以及社会主义荣辱观，它从指导思想、理想信念、价值取向、道德规范以及行为方式等方面为高校校园文化建设指明了“方向”。高校要切实将培养青年学生的思想政治意识作为工作的重中之重。要以习近平新时代中国特色社会主义思想为统领，以中国特色社会主义和中国梦宣传教育为主题，以培育和践行社会主义核心价值观为主线，帮助学生树立正确的世界观、人生观、价值观和社会主义荣辱观；要培养学生社会服务意识、关怀他人意识、促进平等、团结、友爱、互助的社会主义新型关系的形成，使学生能够将所学所用回馈社会建设和经济发展；要加强青年学生的理想信念教育，坚定共产主义理想信念，能够以中华民族伟大复兴为己任，增强个人荣辱观，树立民族自信心和自尊心，使其成为民族精神的传播者和民族理想的践行者。

（二）营造积极向上的大学风气

在一份关于大学校园文化建设主题的调查问卷中，对“您认为高校是否应该注重校园文化建设”这一问题，有95%的学生和99%的老师认为有必要。对“改造校园文化建设重点是什么”这一问题，78.4%的学生认为是改变学校风气。所谓风气，是指整体或局部社会在一个阶段内所呈现的习尚、风貌，是一定社会中的风俗习惯、文化传统、行为模式、道德观念以及时尚等要素的总和。大学风气是指“校风、教风、学风以及校园的学术氛围，是校园环境最集中、最突出的表现”。因此，要创造“爱岗敬业、甘于奉献”的良好教风，创造“孜孜不倦、勤于钻研”的良好学风，创造“文明和谐、欣欣向荣”的良好校风。但是良好校园风气要建立在国情和社会发展基础上，首先要立足于学校人才培养目标，要综合考虑政治、经济、文化发展状况，努力建设一个科学、发展、民主、开放的充满人文情怀的学术校园。这些内容要立足于实际的校情和中国教育的实情，综合多方面考虑现阶段政治、经济、文化等的特点，让学术兴校的理念在大学校园里处处留痕。其次，要把营造学校的良好教风、学习气氛、学术氛围作为日常管理工作的长期任务进行监管。要将学校行政管理、教学科研、教辅服务都纳入构建良好校园风气的大环境中，群策群力，各自发挥岗位优势，结合实际情况制定详细的教育制度与教学评价体系，保证良好校风、学风、教风的正确走向。再次，通过教师率先垂范、兢兢业业、克己奉公的岗位表现来影响、熏陶、感化学生，引导学生树立求知好学的良好风气。另外，要杜绝社会不良风气对校园环境的浸染。要彻底清除拜金主义、享乐主义、奢靡之风等严重影响学生思想发展的思想毒瘤。良好的校园风气需要较长时间去建立并维护，必须坚持打持久战，持之以恒，并不时丰满完善体系，才能建成完善的校园文化风气。

三、搭建学校、家庭、社会联动育人环境

优化育人环境是一个涉及学校内部和外部社会各个方面的系统工程，需要包括学校在内的整个社会一起来抓，只有内外并举、共同建设，才能既形成良好的“小气候”，又形成社会良好的“大气候”，使育人环境更加优化、更加适宜。发挥家庭辅助教育阵地作用，营造良好家庭氛围。作为大学生学习阶段重要的两个环境，一个是校园，另一个便是家庭。因此，育人联动平台必须要把学校和家庭联动起来。

（一）利用社会资源，打造政府、校园、企业一体的育人机制

高等教育的大众化一方面提升了全社会的文化素养，另一方面对高校的人才培养工作提出了新的任务，那就是培养出适合社会经济发展的高效能人才。要以市场需求为导向，进行教育教学改革，在做好学生素质培养工作的同时，把学科专业的品牌化、特色化作为教学改革的根本，全面提高学生的综合素质。例如高职人才的突出特点是实践性和创新性，这就要求必须加大校企合作力度，实施工学结合机制，增加实习实训环节，最大限度地让学生将理论学习与实践锻炼结合起来。着力培养学生的实践能力、动手能力、创新能力和职业素质，真正培养出“分得出、留得住、用得上”的毕业生。

要加强与行业企业的联系，建立足量的校外实习基地，聘请具有实践经验的专家为兼职教授，并与校外实习基地和兼职教授签订育人协议。一是建立学生定期到生产一线参加实训环节和邀请工厂企业专家来校讲课制度，专家在传授专业知识的同时要为学生传授做人道理。例如，郑州信息科技职业学院开展现代学徒制。现代学徒制是学校与企业紧密合作以师带徒、强化实践教学的新型人才培养模式，是深化产教融合、校企合作，有效推进工学结合、知行合一的有效途径，是培养学生创业精神、创新理念、实践能力，实现立德树人根本任务的重要举措。二是通过“请进来，走出去”，邀请行业企业参与制订人才培养计划和教学计划制度，定期召集企事业有关人员和学校专业教师举办教学计划研讨会，不断完善人才培养方案。三是建立学生到行业企业顶岗实习制度。让学生在真实的职业环境中经受锻炼，所学专业理论在实践中升华，思想政治、职业道德素质得到检验和提高，充分发挥校外实习基地的作用。

要加强与当地政府、社会机构的联系，充分利用社会文化建设资源，尤其是学校所在城市文化建设资源育人。一是组织学生积极参与地方文化建设，通过学雷锋、卫生城市建设、爱心志愿献血等志愿服务开展公益文化建设活动，使学生能够走出校门参与社会创建，避免“真空”的教育环境，使社会活动成为育人抓手，在志愿服务工作传递“奉献、友爱、互助、进步”的志愿服务精神，加强学生的社会责任感和参与感；在元旦、七一建党节、国庆节、中秋节等重大节日期间，组织各类群众广泛参与社会影响力较大的文体活动，搭建学生展示自我、锻炼自我的平台，引导学生成长融入社会元素，适应社会发展，接受社会挑战；组织学生参观地方文化建设成果以及博物馆、文化馆等能够展示地方历史文化特色的场地，开展“我爱我的祖国”“我为家乡代言”等主题活动，增强学生对祖国、对家乡的了解程度，加强学生对家乡的自豪感；积极开展高雅艺术进校园活动。高雅艺术是人类文明积淀的优秀经典，具有深厚的审美内涵和很强的美学教育功能。观摩高雅艺术，演绎高雅艺术，不仅是一场美的享受，更是对我们心灵的净化、情操的陶冶和思想的提升。近年来，教育部、文化部、财政部在全国范围内组织开展了“高雅艺术进校园”活动，把戏剧、交响乐、民乐、歌舞等代表人类优秀文化成果的艺术作品，送进高校校园，为提升校园文化品质、促进大学生全面发展发挥了重要作用，为活跃校园文化、提升学生艺术修养奠定了良好基础，能够进一步加深青年学生对高雅艺术的理解和热爱，大力弘扬中华传统文化，吸纳人类文明发展的优秀成果，提升精神境界。

二是大力开展寒暑期社会实践活动，开展团体社会实践活动和个人返乡社会实践活动。以纪念建党节、国庆节等重大活动为契机，以引领青年学生树立和践行社会主义核心价值观、积极投身“十三五”建设为重点，坚持“受教育、长才干、作贡献”的宗旨，按照“目标精准化、工作系统化、实施项目化、传播立体化”和“按需设项、据项组团、双向受益”的原则，开展教育扶贫、爱心支教、走访调研、扶贫济困等活动。努力扩大活动覆盖面、提升活动实效性，探索总结实践育人的新机制。

要积极联合政府、企业、媒体等社会有效资源，搭建学生社会实践广阔舞台，丰富实践内涵，扩宽实践范围，并切实将大学生社会实践环节纳入大学人才培养方案中，通过设定相应学分，倡树先进，赶超先进，举办大学生社会实践先进团体及个人宣讲团等活动，将社会实践工作做实做细。

学校、家庭、社会是人成长的三个重要组成部分，它们之间紧密联系，不可分割，促成人的思维、道德、行为成长的点滴变化。在这三个分区中，家庭的观念和风气是人的品质成长的启蒙基础；学校的精神理念、文化气候是学生的品质稳定和端正的定型要素；社会政治经济文化的瞬息万变、真善美及假恶丑的展示是学生的品质得以修炼成型的检验介质。可见，只有牢牢把握好三者的关系，构建合理的三维体系才能有利于学生的健康成长。

第四章　新时代高校“三全育人”体系构建及机制研究

习近平在2018年全国教育大会上发表重要讲话，从党和国家事业发展的全局高度，深刻阐述了坚持立德树人，加强学校思想政治工作的重大意义。他指出，“培养什么人、怎样培养人、为谁培养人”是高校思想政治工作的根本问题，高校要坚持把立德树人作为中心环节，把思想政治工作贯穿教育教学全过程，实现全程育人、全方位育人，努力开创我国教育事业发展新局面。中共中央、国务院《关于加强和改进新形势下高校思想政治工作的意见》提出，坚持全员全过程全方位育人，把思想价值引领贯穿教育教学全过程和各环节，形成教书育人、科研育人、实践育人、管理育人、服务育人、文化育人、组织育人长效机制。“三全育人”综合改革成为新时代大学生思想政治教育工作的重要方面。在长期的教育实践过程中，深刻体现了全员育人、全方位育人、全过程育人的教育理念，将育人过程与学校办学定位、人才培养目标、学生的价值塑造、个性发展相融合，坚持以教师为主导、以学生为主体，改革人才培养模式，以实践为主线，构建了全程、立体、动态的育人体系。经过多年的教育实践探索，为“三全育人”综合改革体系积累了宝贵的经验，构建了完善的体系，将对高校实施“三全育人”综合改革提供一定的理论和实践参考。

第一节　新时代高校“三全育人”总体的目标

高校“三全育人”具有清晰可行的目标，只有准确定位和掌握这些目标，才能围绕这些目标开展形式多样、丰富多彩的育人活动，使“三全育人”达到春风化雨、润物无声的效果。

一、高校“三全育人”目标的定位

大学教育阶段“三全育人”的总体目标是教育引导大学生确立在中国共产党领导下走中国特色社会主义道路、实现中华民族伟大复兴的共同理想和坚定信念，牢固树立爱国主义思想和全心全意为人民服务思想，自觉遵守法律法规和社会道德规范，加强自身道德修养，具备良好的心理素质和艰苦奋斗、开拓进取的精神，促进大学生思想政治素质、科学文化素质和身心健康素质全面协调发展。同时，积极引导大学生中的先进分子树立共产主义的远大理想，确立马克思主义的坚定信念。

准确定位高校“三全育人”总体目标、分项目标，需要把握以下几个要点。

（一）通过高等教育普遍性与职业教育特殊性的结合，准确界定高校“三全育人”总体目标

高校“三全育人”目标的界定，既要反映高等教育“三全育人”的一般规律与基本要求，又要积极探索属于其特有的规律与要求。如郑州信息科技职业学院将高校“三全育人”目标表述为：坚持马列主义、毛泽东思想、邓小平理论和“三个代表”重要思想，全面贯彻落实科学发展观和习近平新时代中国特色社会主义思想，培养德智体美全面发展的具有创新精神、实践能力和良好职业道德的生产、建设、管理、服务一线需要的高素质高技能型人才。

（二）实现高校“三全育人”总体目标与内容分类目标的有机结合，清晰界定高校“三全育人”分项目标

根据高校“三全育人”总体目标，逐层分解高校“三全育人”在政治教育、思想教育、道德教育、法纪教育与心理教育的分类目标；强调人文素质分项目标中社会能力与方法能力的规格要求，提高大学生科学文化素质，养成良好的学习习惯，加强大学生社会能力与思维方法的训练；突出职业素质目标，如郑州信息科技职业学院提出，要有良好的职业理想、职业道德，具有从事现代职业所需的多种知识技能，在具有必备的基础理论知识和专业知识的基础上，重点掌握从事本专业领域实际工作的基本能力和基本技能，具备较快适应一线岗位需要的实际

工作能力，有较强的事业心，爱岗敬业，勇于拼搏进取，有终身学习能力，有创新精神，有求职的基本素质和能力。

二、高校“三全育人”目标实现的要求

高校“三全育人”应根据入学与毕业特殊阶段以及高校学生多元的背景和多变的角色，高度重视高校“三全育人”的复杂性和艰巨性，因势利导，因材施教，实现高校“三全育人”“人口”目标与“出口”目标畅通有序，既可以保证“三全育人”体系的整体性和完整性，又可以增强高校“三全育人”工作的针对性和实效性。

首先，高校“三全育人”“人口”目标，是针对由中学生成为大学生的角色转换时期。在这个“人口”时期，要充分了解高校学生生源状况，实现与中学阶段“三全育人”目标的有效衔接。目前，我国高校学生生源状况十分复杂，来源广泛，有普通高中毕业生、五年制高校录取的初中毕业生、对口升入高校的中专毕业生、技校毕业生，还有职业高中毕业的“三校生”。因此，高校一年级目标要因势利导，做好人学“三全育人”目标体系，帮助高校学生顺利地实现角色转变，尽快地适应并融入高校学习与生活，为“三全育人”目标的梯次性践行做好铺垫。

高校“三全育人”“出口”目标，是针对由高校学生成为顶岗实习的准职业人再到职业人、社会人的角色转换时期。在这个“出口”时期，高校学生的地位、作用与身份差别很大，角色转变的跨度也很大。因此，高校四年级“三全育人”目标就要充分考虑用人单位与社会对人才“三全育人”的需求，因材施教，因专施教，做好顶岗实习与毕业“三全育人”目标体系。如在顶岗实习“出口”阶段，学生顶岗实习所从事的某种职业或岗位，都有其特定的职业道德规范和职业素质标准，此阶段的“三全育人”目标应侧重于学生职业能力与职业素质的培养。这不仅能够增强高校“三全育人”目标的针对性，而且有助于学生养成良好的职业道德和职业素养，更好地帮助高校学生顺利地实现向职业人与社会人的角色转变，尽快地适应并融入未来职业岗位与社会生活，成为符合社会需求的高素质的技能型人才，为高校“三全育人”目标的实现画上圆满的句号。

（一）适应我国高等教育人才培养的根本要求

高等教育的目标取向，不仅应注重把学生培养成为应用型人才，强调其实践性的提升，而且更要注重培养学生的“德商”，使学生具备健康的道德理性和价值理性，成为知行合一的行为能力个体。高等教育办学要以现代教育理念为指导，全面提高教育教学质量，促进高等职业教育健康发展。要坚持育人为本，“三全育人”为先，把“立德树人”作为根本任务，把社会主义核心价值体系融入高等教育人才培养的全过程。

爱因斯坦曾说：“用专业知识教育人是不够的。通过专业教育，他可以成为一种有用的机器，但是不能成为一个和谐发展的人。要使学生对广博的价值有所理解并产生热烈的感情，那是最基本的。他必须获得对美和道德上的善恶鲜明的辨别力。”德才兼备是我国高等教育对合格人才的要求。无论高等教育的职业性和实践性有多么重要，都不能脱离学生这个教育主体。否则，高等教育的培养目标就会出问题。

进入21世纪以来，随着我国产业结构的调整，现有的高等教育育人体系在很大程度上已经不能适应新的需要，创新构建高校“三全育人”体系势在必行。创新高校“三全育人”体系，一定要顺应社会主义核心价值观的要求，结合高校人才培养方案和要求，强化办学特色，突出适用性，高度重视职业道德教育和法制教育，重视培养学生具有责任感、敬业精神、诚信品质与遵纪守法意识，努力培养基础扎实、技能突出、品德高尚、习惯良好、身心健康的合格大学生，为社会培养生产、建设、管理、服务一线的高素质人才。

（二）基本覆盖高校“三全育人”教育的全部阶段

整合创新“三全育人”体系，要求我们必须准确把握学生的基本特点和规律，探索建立长效机制，为社会培养高素质人才。

不同年级的高校学生具有不同心智与认知模式，都有其自身学龄特点，“三全育人”体系实施要体现学龄特点，由浅入深、循序渐进，使高校“三全育人”目标细化得以具体实施。

高校一年级“三全育人”体系，适应从中学生向大学生角色转变的成长时期，“三全育人”体系整合创新要注重“明确发展方向，提高综合素质”，着眼于高校“三全育人”教育的“导向”教育。高校二年级“三全育人”体系，适应学生由大学生向准职业人的成才时期，“三全育人”体系整合创新要注重“加强技能训练，培养专业能力”，着眼于高校“三全育人”教育的“定向”教育。高校三年级“三全育人”体系，适应学生处于从准职业人向社会人、职业人的成人时期，“三全育人”体系整合创新注重“实现角色转换，强化职业能力”，着眼于高校“三全育人”的“去向”教育。因此，探索和构建高校“三全育人”体系，其目标、内容、途径、方法、管理、评价等方面，必须尊重高等教育的基本规律，遵循高校学生成长与教育规律，将“三全育人”教育目标、“三全育人”内容分解到高等教育的全部阶段、全部过程中，从实践的视角构建高校分年级、分阶段、分层次的“三全育人”体系，建立分层递进、螺旋上升、和谐衔接的有机联系，坚持理论与实践相结合，寓“三全育人”于课堂教学，寓“三全育人”于专业实训实习，寓“三全育人”于社会实践。

（三）体现我国高校“三全育人”教育的特点

整合创新高校“三全育人”体系，必须根据高校学生身心特点、品德形成规律，坚持“知”与“行”的统一，把职业理想教育、职业道德教育、就业指导与创业教育作为重要内容，并贯穿“三全育人”教育的全过程，让学生在社会实践与亲身体验中，将正确的道德认识内化为道德信念，升华为自身素质，转化为自觉行动，形成一种良好的习惯，培养出具有爱岗敬业、诚实守信、精益求精、服务社会的高技能人才，实现与培养目标的协同，实现大学生与岗位的零距离接触。

（四）整体构建高校“三全育人”体系模式

针对高校“三全育人”体系统一性、层次性、针对性的不足，我们要遵循“三全育人”体系的整体性、系统性原则，采取有效措施，构建具有横向循环、纵向并行的“三全育人”体系模式。

1．建立横向循环的高校“三全育人”体系模式

横向循环的高校“三全育人”体系，包含目标体系、内容体系、途径体系、方法体系、管理体系与评价体系六个子体系。它们构成了一个基本循环，形成了首尾相连、环环相扣的横向循环运行体系。

在“三全育人”体系的横向循环模型中，依据评价体系反馈的信息，进一步明确并调整目标体系，整合、序化与育人目标相适应的内容体系，然后拓宽途径体系，组合优化方法体系，实行绩效管理体系，最后进入评价体系，得出反馈信息。首尾相连、环环相扣的循环系统，并不始终具有唯一性、同向性，评价体系在系统中起到承上启下改变循环方向的关键作用，或是进入下一个循环，或是返回循环中的某一个体系。具体路径为：如果评价结果为合格，可通过进入下一个由目标、内容、途径、方法、管理、评价组成的“三全育人”循环体系；如果评价结果为不合格，没有达到既定的目标，要回到出现问题的子体系，以此为起点重新开始体系循环，直到通过评价体系的考核成绩为合格，才可实施下一个“三全育人”循环体系。

2．建立纵向并行的高校“三全育人”体系模式

纵向并行的“三全育人”体系，是在“三全育人”体系横向循环的基础上，依据育人对象—高校学生—心智成熟度、四个年段的差异性，将各年段的育人目标、育人内容、育人途径、育人方法、育人管理和育人评价各子体系，按照一年级、二年级、三年级、四年级的“三全育人”目标，逐级建立纵向衔接、分层递进的运行体系。

在“三全育人”体系纵向并行的模型中，育人目标、育人内容、育人途径、育人方法、育人管理与育人评价横向循环。因“三全育人”目标具有一定的确定性与唯一性，不同年级“三全育人”内容具有结合年段差异的选择性，围绕“三全育人”内容、途径、方法、管理与评价，因此纵向形成一个个循环体系并行实施。

在这个体系中，纵向并行带有一定的灵活性，一年级育人目标只有在经过评价结果为合格的情况下，方可根据学情特点纵向进入二年级的育人体系，并且自觉接受下一轮育人循环体系的考评。这种纵向并行的育人运行机制充分体现了“三全育人”体系的自我修复与动态管理功能。

“三全育人”是一种有意识、有计划、有目的的教育活动。高校“三全育人”目标体系需要协调学校、家庭与用人单位在体系构建中的角色作用。长期以来，学校“三全育人”万能论盛行，使得学校“三全育人”高高在上，形成了一个自我封闭的系统，与构建开放性“三全育人”体系极不相容。在我国现行“三全育人”格局中，存在着学校、家庭与用人单位育人目标的诸多错位问题，如学校“三全育人”自我封闭，家庭对学校“三全育人”目标缺少认知与认同，学生顶岗实习期间“三全育人”链条中断，致使高校“三全育人”目标难以走进家庭、走进用人单位，“三全育人”合力低弱。实践证明，单纯依靠学校教育的力量，家庭教育、企业教育边缘于外，是难以达到“三全育人”效果的。因此，统筹规划学校、家庭、用人单位“三全育人”目标，构建高校“三全育人”目标体系，已经成为当前整体规划“三全育人”体系亟待破解的难题。

3. 积极创造使学校与家庭、用人单位“三全育人”目标趋同的条件

家庭与用人单位教育目标往往带有一定的主观性、随意性，有的甚至还会出现偏差与错误，对高校“三全育人”的重要性认识不足。学校“三全育人”要真正“落实下来”，需要通过家长会、家长学校、校企合作、工学结合等各种联系方式，走进家庭、走进用人单位，协同研究并制定“三全育人”目标序列，提高他们对学校“三全育人”目标的认知程度，在各自的教育环境中，与学校协同设立相应的“三全育人”目标，为使学校与家庭、企业“三全育人”目标趋同一致奠定基础。

4. 建立学校与家庭、用人单位协调相应、良性互补的“三全育人”目标体系

结合学校、家庭、用人单位各自的环境特点，学校“三全育人”目标侧重于政治教育、思想教育、道德教育、心理教育，是 由国家制定并监督执行的，趋

向于集体的教育行动，侧重完整性 与系统性，对家庭与用人单位的“三全育人”目标具有指导性。

家庭“三全育人”目标关注并侧重个体性“三全育人”目标的建立，注重家庭生活教育、感恩教育以及养成教育等。而用人单位“三全育人”目标是学校“三全育人”目标的延伸，是家庭教育目标的扩充，侧重综合性和职业性，侧重职业道德教育、法纪教育、社会公德教育等。学校、家庭、用人单位“三全育人”目标各有侧重，各有专攻，但异中有同，就是教育学生学会做人，促进学生全面发展，都要为国家培养合格的建设者和可靠的接班人。因此，不断整合优化“三全育人”目标体系，就是要求同存异，取长补短，相互协调，良性互补，建立起一个以学校教育为主体、家庭教育为基础、用人单位教育为依托的高校“三全育人”目标体系。

第二节　新时代高校“三全育人”有利的途径

实现高校“三全育人”，要通过一定的途径，采取有效的措施。其途径可分为五种：思想引领、搭建平台、制度规范、营造氛围、总结提升。

一、思想引领

思想引领就是引导大学生树立走中国特色社会主义道路的理想信念，对社会上存在的各种问题理性看待，同时还要深刻理解中国特色社会主义建设的道路上所取得的各种成就，并积极发扬创新精神，勇于实践、敢于探索，不断提高自身的道德修养，为自身未来成长与发展奠定坚实的基础。

（一）高校大学生思想引领工作中存在的问题

在当前形势背景之下，当代大学生在行为以及思想观念方面都发生了很大变化，随着互联网时代的到来，不论是思想引领下的工作者的素质要求，还是思想引领下的传统理念，都不断发生着变化。我们只有找到这些差距背后的原因，才能更好地对传统的理念进行创新，进而培养出新时代真正需要的人才。

1. 高校对思想引领的重要性认识不足

互联网带给人们一个虚拟的世界，很多大学生沉迷于互联网，导致其人际交往、学习生活等都受到影响。互联网信息共享功能也使得人们随时随地能够接收到各种各样的信息，这很容易导致这些人生观、世界观尚未形成的大学生在辨别是非以及自我控制等方面受到影响。由于互联网的隐匿性使得很多长期上网的大学生责任意识变得越来越淡化，道德法制观念也越来越弱。而随着近几年我国高等教育开始从精英教育向大众教育转化，很多高校以教学方式和教学成绩作为教学重心，对大学生思想引导方面却不太重视，高校普遍认为大学生只要学好专业课程即可，因此在衡量大学生个人能力方面存在片面性。

2. 传统的思想引领方法在新时代环境下局限性凸显

由于传统中采用的思想引领方法受到时间和地点的限制，多是授课、谈心等方式，但是这些方法取得的实际效果有限。随着信息技术的到来，思想引领以及教育工作可以突破传统的局限性，变得灵活许多，达到随时随地皆可引导。因此，许多高校开始借助互联网，使用微信平台和高校的官方微博等媒介，开展思想政治教育和思想引领的新阵地。但是互联网对大学生的影响也有不利的一面，比如互联网技术的发展使得大学生对于信息的分辨能力越来越弱，而且增加了大学生思想教育的难度，并且使得大学校园思想教育工作的地位逐渐被削弱，内容不能贴近大学生的具体生活，难以收到预期效果。传统中单向教育以及理论教学的方法已经不能良好适应当代大学校园对大学生思想教育开展的要求了。

3. “互联网＋”对思想引领工作者提出了更高的要求

互联网除了会对学生群体产生影响之外，作为学生思想引领者的教师群体也深受影响。对于教师而言，处于引领地位的关键，必须能保持坚定的政治立场以及清醒的思想认识。在技术以及信息为主动的时代下，如果大学校园中思想政治教育工作者不能充分利用网络手段来开展教学的话，那么大学为学生专门建设的网络教学平台以及教学资源就达不到思想教育的效果，不能够对学生起到吸引作用，并且，如果教育者不能够对互联网展开深层次的应用，进而无法对一些信息进行分析的话，就不能起到对网络教育管控以及对大学生思想干预的效果。因此，作为高校思想教育工作者，一定要具备丰富的学识以及深厚的网络技术，进而才能够更好地利用网络技术来对大学生思想道德展开教育。

（二）大学生思想引领工作的基本路径

1. 有计划有步骤地进行系统的思想引领工作

党的十八大强调“要深入开展社会主义核心价值体系学习教育，用社会主义核心价值体系引领社会思潮、凝聚社会共识”，“倡导富强、民主、文明、和谐，倡导自由、平等、公正、法治，倡导爱国、敬业、诚信、友善，积极培育和践行社会主义核心价值观”，这是对社会主义核心价值观的诠释，也是大学生思想育人的主旨。通过主题讲座、党课、团课、英雄事迹报告会等形式加深学生对社会主义核心价值观的理解和认识，加强团员青年的政治思想教育、理想教育、“三观”（正确的世界观、价值观和人生观）教育、“三义”（社会主义、集体主义、爱国主义）教育。例如在高校大力实施青年马克思主义培养工程，通过培养校内共青团干部、青年知识分子、大学生骨干，在学生群体中培养一批有着坚定共产主义信仰、基本理论素养和能力水平较高的马克思主义者，发挥榜样的示范作用，带动广大师生的思想认识和理论修养。

2. 结合时代特色，创新思想引领工作新模式

随着当代大学生思想活动自主性、选择性、多边性、差异性明显增强，采取多种形式的教育方式，认真做好大学生思想政治工作，显得尤为重要。

要坚持用中国特色社会主义理论体系引领青年学生，思想教育工作要脚踏实地，常抓不懈，既严又实。如今处于信息化高速发展的时代，学生又是吸取新事物、新信息最迅速的群体，不免会接触到一些不良的思想意识形态。这就要求我们的思想育人工作要主动抓、时时抓，重点抓好大学生的信仰教育，要让年轻一代始终保持对马克思主义、对中国特色社会主义、对中华民族伟大复兴的坚定信念，警惕并杜绝西方资本主义腐朽思想的侵蚀。例如建立“学生之家”“党员之家”，

畅通学生与学校沟通交流直通车，’让广大学生积极参与到学校的各项建设和社会活动中来，更多地体现学生的人生价值；加强对高校教职工工作作风、生活作风的日常监督检查，防止高校个别教职工的不当行为潜移默化影响大学生的认知观；通过人文关怀，及时了解学生的思想动态，帮助困难学生解决一些实际问题，切实保障学生的合法权益。

（三）改革创新大学生思想引领方式

传统教学当中以理论课程讲授为主的知识灌输方式放到现在已经不能良好适应，现在需要更加多元化的方式来对学生的思想进行引导。

1．建设网络资源平台

根据学生的实际特点，为学生搭建网络资源平台，让更多的学生参与到网络教学实践中，使得网络教学平台能够为学生起到思想引领作用。比如，我们可以通过将网络引导与传统知识灌输的方法结合起来，并通过各种网络渠道（如论坛、门户网站以及贴吧等）为学生传递思想教学理念。通过利用网络媒体对学生日常学习生活中存在的问题进行分析、判断，进而对学生进行积极引导。通过利用网络渠道加强对学生集体主义思想理念的教育，不仅可以对学生的网络行为起到规范性作用，而且可以避免由于个人行为导致的错误判断。

2．利用官方微信、微博

高校的官网以及微博等平台不应该出现一些空、大的理论，而应该切合校园实际，发布一些有针对性的文章或者材料等，并与学生展开互动，对学生开展有效管理。其次，高校的微信公众号以及微博上应该时常更新一些与学生日常生活相关的文章。另外，还可以增加一些有实际作用的功能，增加学生的体验效果，比如可以增加相应的教务教学、就业创业以及图书阅读等功能。从而为大学生提供更好的服务，促进大学生思想道德健康发展。

3．学生事务管理信息化

通过实现互联网技术化，进而推动大学生思想教育工作的开展。如今互联网已经成为大学生获取信息的必需渠道，因此高校可以通过利用互联网技术来实现事务管理工作。通过利用互联网技术中的信息管理技术、大数据技术以及数据推动技术等，进而使得大学生的学习生活以及其他方面都能利用互联网进行串联。通过利用校园的学生信息系统为学生搭建数据记录系统，对学生从上大学开始一直到毕业整个过程的数据信息进行记录，不仅可以简化学生管理事务，而且可以对学生的发展情况进行准确定位，并对未来的发展准确预测，建立完善的预警机制。

4．加强网络日常管理

大学校园通过将网络危机预警和网络市场管理机制结合，进而对大学生日常生活中出现的一些思想问题及时监督并制止。网络日常管理工作的主要负责者是大学校园中的基层思想工作者，他们可以通过网络媒体与大学生实时互动，进而监督大学生的思想变化情况，了解大学生所面临的各种心理问题，对网络舆论进行正确引导。网络预警机制需要学校各个部门、各个组织的参与，尽量做到实时监督大学生群体的动态思想变化情况，并及时扼杀大学生中出现的不良思想。

5．推动诚信校园建设

将实体校园与虚拟校园进行结合，积极建设诚信校园。对大学生建立个人网络信用机制，并对大学生的个人信息进行整合以及管理，进而为学生搭建一个完整的网络信息平台。与此同时，还需要做好虚拟校园与现实校园连接的工作，让学生能够更好地遵守虚拟网络中的规范要求。通过利用网络媒体与学生实时互动，进而使得学生更好地遵守网络和现实中的要求规范。

（四）加强大学生思想引领工作者的队伍建设

《中共中央关于加强和改进思想政治工作的若干意见》中重点提出，“当前需要不断对结构进行优化、提高人员队伍的稳定性、不断提高整体队伍素质，进而打造一支有能力、专业素养高的人才队伍”。

高校思想教育工作者在日常工作当中需要不断提高自身的科研水平，并且在日常工作过程中努力将理论与实践结合在一起，在实践中丰富自身的思想信念，进而将思想教育工作与自身的思想理念融合在一起。高校通过建设和培养一支有能力的人才队伍，对大学生的思想发展进行引导。第一，加强师资队伍建设，通过开展思想政治教学课程以及形势与政策课程对学生的思想道德进行教育。第二，创新教学模式，将兼职与专职教学模式相互结合，让辅导员以及班主任在学生思想道德引导方面发挥出重要作用。第三，打造一批优秀的大学生人才队伍，通过在大学校园中选择模范代表，积极培养大学生骨干人才。

二、搭建平台

允许人与人之间存在差异，树立正确导向，让每个人在搭建的平台上自由绽放。好奇心、创新思维、批判精神、传承意识正向发展。

（一）搭建网络大平台，掌握学生思想新动态

目前，不少高校的职能部门在尝试开发和运营微信公众号。有一些高校为了建立宣传窗口还专门成立了新媒体中心。但是从学生的关注、反馈来看，机械式的信息植入对学生的影响非常有限，高校宣传阵地的转移并未带来大幅提升的宣传效果。综上所述，新时期思想政治教育工作者开展工作的切入点，应该是学生最关注、最关心、最感兴趣的问题，例如勤工助学、心理咨询服务、党团活动、学生社团活动、志愿者服务等，做学生喜欢吃的“营养大餐”，利用新媒体为学生提供良好的服务。

对大学生的思想展开深入研究，并对不同思想类别的大学生实施分类管理方法，为大学生健康成长提供服务。还要利用网络媒体、论坛等渠道对大学生群体进行问卷调查，时时关注大学生的思想变化，及时关注校园的网络舆论，指导大学生正确看待问题。利用网络媒体为大学生营造良好的校园文化氛围，将社会主义核心价值观落实到思想教育工作中。

（二）搭建校园新媒体平台，打造思想政治教育新空间

一是为大学生创建各种专题网站，专题网站上为大学生提供心理咨询、招生信息、毕业就业等各种服务。二是建立官方微信群、QQ群以及校园微博等，每一个学院中的每一个班级都可以申请班级主页，进而为学生提供各个方面的信息，

比如就业创业、助学贷款、文化娱乐、生活服务等。高校领导以及教师等都可以通过校园网站和学生进行实时互动，为学生带来精神上的鼓舞。三是建立实时通信平台，比如微信群、QQ群以及校园通信系统等，定期在通信群里更新信息。学生可以随时查看自己的班级群信息以及社团群信息等。通过这些平台，高校可以开展丰富多彩的校园文化，还可以组织学生参加党团校培训，将社会主义核心价值理念向学生宣传，为学生培训职业素养，指导学生如何面试等。通过校园通信群可以随时掌握学生毕业之后的就业情况，根据已毕业学生的发展情况进而为在校学生提供有针对性的指导服务。四是通过制作一些微视频或者微电影等为大学生宣传思想道德方面的内容，进而将思想道德教育渗透到学生生活和学习的方方面面。还可以利用校园网络为学生开展校园直播或者思想道德讲座等。随着网络时代的到来，高校在为学生开展思想政治教育过程中应该充分发挥网络的作用，比如通过利用网络媒体为学生实施在线素质测评等。网络技术的应用不但能起到传播正确思想的作用，而且能够使学生的校园生活更加丰富。

（三）搭建师生互动平台，形成“三全育人”引领新机制

在新媒体时代背景下，要想做好学生的思想政治教育工作，离不开高校师生的全体参与。学校作为思想政治教育工作的管理者，应该为学生制定完善的人才培养方案，致力于提高学生的思想政治素养。同时还要打造一支优秀的人才教育队伍。这支人才教育队伍主要由以下人员组成：思想政治理论宣传人员、专业课教师、思想政治教师、学生党员等。

教师需要努力将信息技术应用于思想政治教学中，并通过网络媒体与学生进行沟通和交流，引导大学生提升媒介素养，在教学过程中为学生讲解如何正确看待网络信息，如何合理利用网络技术。教师需要实时关注学生们的动态信息，比如日志、微博、评论等，了解学生的思想特点，针对学生思想中存在的问题及时辅导。面对国内或者国外的一些重点新闻事件时，要学会以理智的心态来看待，不能盲目听信网络舆论。

同时，学校还要努力打造一支专门负责思想教育工作宣传工作的大学生人才

队伍，还要做好网络媒体下的思想政治教育操作和维护工作，使他们成为老师的得力助手，使他们熟悉新媒体技术、了解学生的需求，做好调查问卷信息整理、舆情调查分析、网络信息收集等工作。此外，高校思想教育工作者还要将自身在思想道德方面的引领作用发挥出来，当面对校园重大的舆论时需要第一时间“站出来”帮助学生，正确引导校园舆论，制止不良思想在校园中传播。

三、制度规范

“没有规矩不成方圆。”完美的育人机制必须有一套科学的运转机制和系统完善的制度建设。社会本身就是多元化的，要教育和引导大学生树立“四个自信”。我国的国情决定了我们现在的社会制度适合解决我国的社会问题。不能不切实际的与西方国家制度进行盲目的比较。近年来，“我爸是李刚”“药家鑫事件”“复旦投毒案”等一些在社会上造成不良影响的舆情问题，给我们再次敲响了警钟，如何抓住一些负面的消息，进行正面的教育引导，让大学生们理智地运用一分为二的观点去认识社会问题，是高校思想政治教育工作者的一个不容回避的现实问题。高校传统德育主要通过思想政治教育理论课对大学生进行道德知识的传授，教育模式相对单一，效果欠佳。信息时代，高校不能故步自封，要创新教育方式方法，跟上时代的步伐，本着对社会负责的态度，来做好大学生的思想引导工作，要积极研究和建立一整套激励、约束机制和规章制度来教育人和培养人，这对大学生社会责任感的制度化培育有着强烈的现实意义。

大学生社会责任感制度化培育是新时代、新形势下社会发展进程的必然要求。将制度与教育相结合，以制度化教育培养和匡正大学生社会责任意识，是十分必要的。例如，现在是自媒体时代，人人都可以通过网络表达自己对一些社会问题、发生在身边的事件的看法，仁者见仁，智者见智。缺乏社会责任感的人的看法和想法，一定和具有社会责任感的人的看法和想法不同，二者带来的社会影响也会不同。一个人的社会责任感不是与生俱来的，是靠后天的培养得来的。高校对大学生的社会责任感的培养要有一个系统的规划，规划当中每年要有一个贴近我国现实问题的主题和口号，通过一系列的活动，逐步培养大学生的社会责任。

高校“三全育人”工作要想持续推进，必须制定相应的规章制度，规范化管理，这既是前提也是保障。否则“三全育人”会流于形式，或南辕北辙，或无所适从。制度带有根本性、全局性、稳定性和长期性，制度本身蕴涵丰富的教育意义。规章制度和各项规范直接影响到能否实现进一步加强和改进学生的思想政治教育工作，能否培养出国家所需要的合格人才；另外，对思想政治教育工作和人才培养工作产生激励作用，形成长效机制，起到事半功倍的作用。

大学制度规范发挥着隐性课程的基本功能。一所大学的育人工作要确保其可持续性，需要一种蓬勃向上、勇攀高峰、永不懈怠的精神。要培养这样一种精神，必须加强制度建设，建立完善的激励机制和约束机制。但是，并不是制定了较多的规章制度就等于达到了大学制度育人的功能。只有当规章制度这种外显文化“内化”为集体成员的“内隐文化”时，才算真正发挥了大学制度的育人作用。这一过程，也就是把制度文化中的客观精神转化为受教育者个体的主观精神，使自然的人向文化人运动的过程。

（一）制度规范的作用

1．认识导向作用

大学制度建设的根本作用在于营造有序合理、公平公正的校园环境，保证大学成员的合法权益，引领良好的道德风尚。道德认识是个体对道德规范及其执行意义的认识，是学生对是非、善恶、美丑的理解掌握及在此基础上形成的相应的价值观和判断能力。道德认识的形成固然需要一定的灌输和说理，但离不开学生生活于其中的可知可感的一种具体生动的环境影响。良好的大学制度规范就是这种环境不可缺少的组成部分。大学通过对文化传统、校园气氛、集体舆论以及教师言行评价的强化，会给学生提供一个参照系，通过隐性的教育和价值取向对学生施加影响，对学生态度和认识的形成发挥着导向作用。

2．情感陶冶作用

“道德情感是关于人的举止、行为、思想、意图是否符合社会道德规范而产生的情感体验，道德情感具有调节的功能，影响着道德认识的形成及其倾向性，道德情感形成具有自发性和情境性。”大学制度文化对学生产生的作用更多的是一种气氛的影响，使人与这种情景相互作用，使学生在特定的环境中自然而然地获得一种道德情感与心灵的熏陶（特别是良好的校风和传统），这种情感的形成尤其离不开隐性课程的体验、熏陶、感染的作用机制。大学制度文化作为隐性课程，恰好提供了现实的情境让学生体验感悟。大学制度文化所内含的伦理价值取向在大学日常生活的现实情景中深刻地影响学生的价值取向，进而形成对这种制度的心理定式，体现为较稳定的认知、态度与情感。大学制度文化的核心应是大学成员对待大学制度的一定价值认可度。大学成员（特别是学生）依制度行事，对制度内在的价值产生心理认同，在情感上表示默认或赞成，形成对大学制度的总体看法。这种价值认同比任何道德说教方式对人的影响更深远持久和有效。这也是大学制度文化发挥作用的最佳方式。

3. 行为规范作用

道德行为是在一定的道德意识支配下所采取的各种行为，人的道德面貌最终是以其道德行为来表达和说明，它是人的道德意识的外部表现形态，是学生思想品德水平的重要标志。

隐性课程可以对学生道德行为起重要的约束作用和规范作用。大学制度是制度形态隐性德育课程的载体。大学制度作为一种外在的他律，将符合一定要求的伦理精神条例化、正规化，体现了大学对所有成员的基本要求，有助于大学生形成符合社会要求的行为规范。大学制度文化在规范学生的理性行为方面具有优先地位。学生通过感知、记忆、思考、践履这种理性行为规范的要求，进而认同、内化使之成为道德结构中的有机部分，制度从而变他律为道德自律。大学制度文化的规章设置、仪式和传统的形成都渗透着学校的道德要求与教育意志，是一个有情感色彩的具体生动的环境。因此，大学制度文化通过暗示、舆论、从众、期望等心理机制给学生造成潜在的动力与压力，对学生的行为起着重要的约束作用。

辩证唯物主义认为，“任何事物都不是孤立存在，而是由若干相互作用、相互制约的因素构成的整体”。因此，发挥大学制度文化的育人功能时，要充分考虑方法的综合性问题，克服教育过程的局限性。由于大学制度文化存在着由外及内的过程，要使大学制度文化发挥最大效能，必须关注学生的主观能动性。运用大学制度文化特别是对规章制度的执行，必须与学生思想工作相联系，在执行规章制度的过程中要关注学生思想的变化。执行某项制度的过程也是就某一针对性事件或普遍性问题，反复说理宣传的过程，争取得到学生内心的认同。将大学制度文化的动态与静态管理相结合，在动态执行过程中增进执行主体与被执行者的交往，增进理解，提高育人效率。

（二）建立考评制度：以考促教

再好的思想政治教育规划，如果不去抓落实，就会流于形式，贻误发展，长此以往，将酿成不良后果。尤其是高校主要负责人要落实抓对大学生教育的主体责任，层层压实责任，一级抓一级，级级抓落实，对不按照规划要求抓教育的具体责任人要严肃问责，对抓教育效果达不到要求的也要严肃问责。问责是最好的鞭策，动员千遍不如问责一次。这种问责是建立在某种制度基础上的，这种制度，就是如何能最好地呈现教育的过程和效果，为教育树立一个参照物，这个参照物就是考核标准，通过严格的考核标准来对标教育的过程和效果。高校要认真研究制定大学生社会责任感教育培养的考评标准，并加以落实，成立相应的考评机构，细化考核内容，加强督促指导，以考核推动工作落实。

（三）建立规章制度：提升教育工作水平

高校思想教育水平的高低，突出表现在是否贴近我国教育现行实际。当前，全国上下正在深入学习习近平新时代中国特色社会主义思想，学习依法治国执政方略。如何把以上内容融入大学生的思想教育当中，是值得高校思考的一个不容回避的问题。在大学生社会责任感培养的过程中，党和国家出台了一系列的文件、条例，推进教育的制度与规范化。比如，通过实施《普通高等学校学生管理规定》等条例加大对学生行为的引导和约束，根据要求，调整我们的教育内容，尤其是把习近平新时代中国特色社会主义思想纳入大学生教育的内容，常抓不懈；要制定《学生文明行为条例》《宿舍卫生检查条例》《学生参加校园文化活动监管条例》

等契合学校具体管理的内容，规范学生的日常行为，对其进行管理，对大学生进行严格的教育、严格的监督、严格的管理。

在大学生当中大力开展法治教育，提高大学生对我国宪法、法律法规的认知，并用中国的宪法、法律法规约束自己的言行，争做一个遵纪守法的优秀公民；要引导大学生做依法治国的宣传者、践行者和传播者，用自己的实际行动去教育和引导周围群众严格遵法守纪，共同促进社会风气的好转。

四、营造氛围

马克思说过：“人创造了环境，同样环境也创造人。”环境具有警示、熏陶、导向、感化与辅助作用。“三全育人”过程总是在一定的环境中进行的，良好的环境有助于学生对道德规范的认同内化，环境育人在构建高校立体化“三全育人”工作体系中发挥着不可替代的重要作用。高校应结合实际情况，与用人单位共同优化有利于学生身心健康成长的优良环境，烘托浓厚的“三全育人”氛围，不断增强育人功能，提高高校“三全育人”工作的实效性。

学校领导要高度重视，从育人的角度，加强校园物质环境的“德化建设”，提高校园文化品位，努力营造精神内涵丰富、整洁、简约与高雅的校园环境。加强校园基础设施的改造，提升环境文化内涵，营造浓厚的人文气息；加大与现代产业接轨的校内实验、实训场所投资力度；增加图书馆藏书量，扩大电子阅览室的容量，完善校园网络；优化公寓配套设施；加强与当地政府及有关部门的联系，净化外部育人环境。

（一）着力提升育人“软环境”

高校要高度重视校园文化建设，突出发展精神文化和行为文化，提升学校“三全育人”文化品位，助力学生成长成才。如大力开展融思想性、知识性、趣味性于一体的，丰富多彩的校园文化活动，帮助学生提高自信心，强化人际沟通技能，理性面对荣誉与挫折；加强校风、学风与班风建设，形成积极向上的校风、进取踏实的学风与团结和谐的班风，使学生的校园生活充满价值感、满足感与幸福感，以优良的“三风”建设彰显学校的精神面貌；重视网络心理健康教育平台的建立与教育渗透，努力创设有利于学生健康成长的网络心理环境；融入行业企业文化，构建具有行业特色的校园文化体系，铸造学术氛围同实践氛围相统一的教育文化。

（二）依托党团组织形成个性教育与培养的良好氛围

高校基层党团组织对“三全育人”工作既有政治优势，也有组织优势，在“三全育人”工作中能够发挥积极的作用，育人效果显著。

第一，加强对大学生社团的组织领导，站在对学生发展负责的高度，提供宏观引导，完善社团制度，保障社团良好运行，与党团组织、学生有机协调，取长补短，协调好第一课堂与社团活动的关系，实现寓教于乐，促进社团“三全育人”辅助功能的发挥。

第二，党团组织要充分利用“三全育人”资源，以社会主义核心价值体系为核心，宣扬主旋律，尊重和服务大学生的合理利益诉求，培养其对未来职业生涯发展过程中所需的社会化技能，鼓励大学生自觉成为社会主义核心价值体系的建设主体，激发其成长成才，全面实现党团组织对高校大学生的思想引领。

第三，强化党团组织在大学生思想政治教育中的平台构建功能。党团组织拥有丰富而庞大的组织关系，信息优势明显，可以为高校大学生创造条件，通过举办各种类型的活动、开设实践性课程、为合作企业推荐人才等举措，为大学生提供工作平台和实践平台。

第四，建立综合实践平台，深入开展针对性活动，锻炼大学生交流沟通、实践、组织领导等能力，提升党团组织在“三全育人”中的能力与素质培育功能。

一是利用社团活动鼓励学生积极进行自主教育。道德教育是有人格的、有生命的、完整生活质量的教育。大学生社团是高等教育发展的必然结果，作为第一课堂的延伸，是充分体现学生的个性与主体性、辅助大学生成长的良好平台，承载着独特的“三全育人”功能，成为“三全育人”课程教学与“三全育人”实践活动的重要纽带，具有其他学生组织不可替代的作用。学生社团活动是大学生实现自我管理、自我教育与自我服务的重要平台，对大学生来说具有重要的教育功能，是“三全育人”得以顺利实施的重要保证。

二是实施社团活动课程化，增强其“三全育人”效能。依据课程理念对社团活动进行科学的管理，将学生社团活动进行分类管理，实行弹性学分制，有计划地引导社团活动良性发展，发挥社团的教育性与启发性功能。社团活动课堂具有很大的自主性、灵活性、实践性，必须密切联系专业，建立在学生兴趣的基础上，使学生成为社团活动课程的主体。

三是高度重视社团的精神文化建设，开展丰富多彩的社团活动，最大限度地挖掘社团的文化价值，积极营造良好的社团成长环境。社团成员在参加社团活动中培育了互帮互助、团结协作、坚持不懈、适应社会等精神文化品质，有助于学生思想觉悟的提高和创新精神的培养，有利于营造科学、积极向上的社团文化氛围。

四是强化社团活动的实践性。发挥个体社会化的社会教育功能，改变过去那种搞社团活动仅仅停留在开讲座、做宣传单、发海报的做法，要将教育渗透在活动中，寓于实践中，鼓励大学生在“做”中“学”，让学生在活动中快乐成长，在实践中体验生活，领悟真谛，提升能力，寻找学习的乐趣。

五、总结提升

及时总结并弘扬积极有益的教育方法和手段，一些不适合甚至错误的方法和手段要及时纠正，同时开拓新的符合规律的育人方法和手段，实现螺旋式上升。

我们分析、梳理现有的高校“三全育人”途径的各种类型，思考其整体运作的适应性、和谐性，充分发挥其育人合力作用。“五育人”工作格局：即教书育人、管理育人、服务育人、生产育人与环境育人，是经过实践检验符合高校育人实际的五种手段。

（一）精化教书育人的“三全育人”途径

教书育人属于课程类途径，是利用思想政治理论课程与各学科课程教学进行“三全育人”。一方面，高校思想政治理论课教师要有崇高的使命感与责任感，充分发挥思想政治理论课的主渠道、主阵地作用，立足于高校“三全育人”目标的要求，将高校“三全育人”的政治教育、思想教育、道德教育、法纪教育和心理教育同高校的职业性与应用性结合起来，在帮助高校学生树立正确的政治观、社会观与价值观的同时，积极引导学生树立正确的职业观，逐步内化养成良好的职业道德意识，逐步固化为规范的职业道德行为。另一方面，学科课程教师要强化育人育德的职业素养，分析学科课程中包含的“三全育人”因素，挖掘各学科课程教学中的“三全育人”资源，准确提炼和寻找学科与“三全育人”的切入点，进行学科素质目标与“三全育人”任务的分解，细化到每次课的教育安排之中，发挥学科“三全育人”间接性与渗透性的优势，使高校学生在掌握专业技能的同时于不知不觉中接受“三全育人”。实践证明，学科“三全育人”渗透是乐于被高校学生接受且行之有效的“三全育人”途径。

（二）规范管理育人的“三全育人”途径

管理育人是为了达到预期的“三全育人”目标，规划、组织、协调和控制影响“三全育人”根本任务及其质量的诸要素，包括学校“三全育人”管理、班级“三全育人”管理与用人单位“三全育人”管理，通过合理配置学校、企业、班级这些“三全育人”资源，改善“三全育人”条件，保障“三全育人”活动顺利进行，为顺利实现“三全育人”目标，提高“三全育人”质量提供保障。

（三）细化服务育人的“三全育人”途径

服务育人是指学校的服务人员在为师生提供服务过程中，其言行举止直接对师生产生影响。细化服务育人途径要善于运用知识型、服务型、效益型、和谐型的现代理念全心全意为师生服务，加强与师生的沟通与交流，学会倾听，了解师生合理的服务诉求，帮助其解决在学习、工作、生活中遇到的实际困难和问题，为师生员工提供热情周到的优质服务，使学生在优质服务中受到感染与教育，达到育人的最佳效果，以此完成服务育人的过程。

（四）完善生产育人的“三全育人”途径

生产育人是职业教育的特色，它是在学生顶岗实习或参加生产实践活动中，赋予用人单位指导教师、学校指导教师、学生“三全育人”主体资格，进行职业能力和职业素质的培养，增强学生劳动观念和纪律意识，形成吃苦耐劳作风和习惯，有利于培养大学生的责任心和成就感，使学生在企业的“三全育人”教育落到实处，延续高校“三全育人”教育链条。

（五）营造环境育人的“三全育人”途径

环境育人，是通过人际环境与文化环境的营造对学生的思想平、思想实际状况、时代与经济社会发展形势的要求，确定不同年级“三全育人”内容重点和不同层次的教育内容，使高校“三全育人”工作具有可操作性，逐步形成与社会主义市场经济相适应、与社会主义法律规范相协调、与中华民族传统美德相承接的“三全育人”内容体系，并使这些内容形成序列，循序渐进地分布到高校各个年级的“三全育人”内容，化为教师可操作、学生可接受的具体内容，这是重构高校“三全育人”内容体系的重点。

六、开展价值观义利观与经济伦理教育

重构高校“三全育人”内容体系是一项系统工程，需要根据经济多元化的要求，赋予传统高校育人内容以新的时代精神，增加新的内容，使高校“三全育人”模式充满生机和活力，以适应经济利益多元化的社会发展趋势。

（一）适应价值观多元化、复杂化的新形势要求，调整并加强价值观教育

价值观教育的关键点：处理好价值取向多元化与价值导向一元化的关系，在坚持社会主义核心价值体系一元导向不动摇的前提下，正视人们价值取向多元化的存在，充分肯定、承认个体对自身合理利益的追求，尊重每一个个体的价值理想与价值目标，使价值观教育取得实效。价值观教育的根本点：坚持集体主义导向与利益导向的有机统一，以“新集体主义”充实、改造传统集体主义。新集体主义不仅承认个人利益，尊重个人价值，还主张个人利益、个人价值应该充分实现。价值观教育的立足点是对政治标准价值观的反思与超越，把价值观的选择权还给主体性日益增强的每一个个体，使人真正成为自身价值观的主人。价值观教

育的着眼点：价值主体既要突出自我意识，又不能导致个人主义；价值目标的确定既要适当突出物质利益原则，又不能导致功利主义；价值评价既要避免绝对化，又不能导致相对主义。

（二）改造并赋予传统义利观以时代气息，加强新的社会主义义利观教育

克服了传统义利观“重义轻利”的局限，鼓励人们通过诚实劳动、合法经营获取正当物质利益，强调要尊重和保护个人的合法权益；同时，新的社会主义义利观克服了市场经济“重利轻义”的自发倾向，主张把谋取个人利益与自觉承担社会责任结合起来，树立把国家利益和人民利益放在首位而又充分尊重公民个人合法权益的“义”和“利”相统一的新义利观。加强义利观教育的原则：贯彻价值观教育中价值导向一元化和价值取向多元化的原则。加强价值观教育的着眼点：克服传统“三全育人”“罕言利”的弊端，充分肯定个人正当、合理的利益，但是，应注意防止出现“见利忘义”的极端。

（三）增加并强化反映市场经济要求与规律的道德观念—经济伦理教育

我国社会主义市场经济体制的建立和完善，增强了每个个体的竞争意识与发展压力，引发注重物质、轻视精神的物质价值取向与科技为本的价值取向越来越明显，对学生的影响是广泛而深刻的。这就需要我们在教育和引导学生的过程中，坚持价值取向的全面与协调，建立与市场经济要求与规律要适应的“三全育人”内容体系，改变以往经济伦理教育比较欠缺、一般社会伦理教育内容滞后的状况，对经济主体—个人—应当具备什么样的经济美德进行了重新界定。经济伦理不仅从道德上论证人们追求正当利益的合理性，而且按市场经济本性揭示经济主体应该遵守的道德观念和规范，使处于竞争状态的各利益主体行为受公认的经济行为准则的约束，以建立一种经济发展所必需的伦理秩序，来保障市场经济的有序发展。经济伦理应该是“经济人”与“道德人”的有机结合，融合市场经济是利益经济与道德经济的内在要求，对高校学生突出进行关于诚信精神、竞争精神、创新精神、效益观念以及平

等意识、民主意识、时间观念、合作精神等“三全育人”内容的教育，为高校学生更好地适应并顺利实现由高校学生向职业人、社会人的转变打下基础。

七、强化基础道德教育和底线道德教育

当前高校学生的生源特点，大多表现为自我约束力较弱、专业思想不稳定、学习积极性偏低。多数高校学生人生目标模糊多变，对现实感到无奈，对自己的未来缺乏信心，存在一定的自卑心理。他们的道德人格表现出某种分裂性特征：一方面，他们希望得到社会的肯定；另一方面，他们从内心对高校产生蔑视，对学校的条件和管理吹毛求疵，遇到问题不冷静，甚至采取过激行为来发泄不满；再一方面，他们自我实现的愿望强烈，但缺乏应有的抗挫折心理准备。当主观愿望与客观现实冲突时，就感到失落和不满，存在强大的逆反情绪。他们认识到了知识、素质、能力的重要性，却缺乏奋斗的动力；认识到了自身成才的重要性，但对学校的教育管理不积极接受；认识到了社会进步的主流，但又经不起社会消极现象的诱惑。思想认识与实际行动产生两面性，进取愿望与消极心理产生冲突性，从而导致大学生道德知行分离，心理压力与心理矛盾增大，心理困惑与心理空虚增多。

高校学生的这些思想实际状况，说明了高校“三全育人”任务的复杂性与艰巨性，同时也要求我们必须从高校学生实际出发，提高高校“三全育人”内容体系的针对性与层次性。以往我国高校片面强调理论教育内容，“三全育人”要求过高过急，重视以理想主义为主调的“圣人道德”规范，忽视了基础道德教育，尤其是对基础道德养成教育重视不够，“三全育人”内容同高校学生思想品德实际发展水平及需要相脱节，形成知行不一的虚假人格，严重影响了高校“三全育人”的实效。随着道德多元化社会的形成与发展，应对高校学生对基础层次的道德诉求，以现实主义为主调的基础道德教育与底线道德教育应成为高校“三全育人”内容体系的重要内容。

加强对学生的基础道德教育，教育学生从遵守日常的生活准则做起，实质上就是加强学生的公民道德教育，主要是社会公德教育。《公民道德建设实施纲要》规定了公民应具有的基本道德规范：“爱国守法、明礼诚信、团结友善、勤俭自强、敬业奉献”，为加强基础道德教育提供了最好的教学标准，目的是使学生养成文明

礼貌、诚实守信、互助友爱的良好品质，养成遵守公共秩序、爱护公共财物、维护社会公益、遵守环境道德、自觉维护生态环境的良好行为习惯。加强对学生的基础道德教育，其核心是正确认识个人利益和社会利益的依存关系，从而能正确处理人与人、人与社会、人与自然的关系。应加强对学生的底线道德教育，因为底线道德是最基本的道德规范，也是基础道德不可逾越的。

八、贯穿实施职业素质及就业创业教育

高校教育的目标是实现高校学生的“零距离”就业。“零距离”就业不仅指职业技能方面，更主要的是指职业素质方面。这就要求我们在构建高校“三全育人”内容体系时，以培养具有良好职业素质和较高学业能力的高素质人才为目标，将职业素质、就业及创业教育贯穿“三全育人”过程始终，不断规范高校学生的职业道德行为，确立正确的就业意识与择业取向，培养学生由“等待工作机会”向“寻找机会”和“创造工作机会”转变，提高创业技能，为学生以后从事本职工作打下良好的基础。

（一）加强学校与行业、企业的联系，提高职业素质教育的有效性

职业素质是从事一定社会职业的人们，在特定的工作或劳动中必须具备的，与其职业活动相适应的形象、能力及道德修养的总和。高校学生的职业素质，是指高校学生通过校企文化的熏陶与技能教育以及自我陶冶和锻炼，为适应岗位需要所养成的职业认知、就业技能、工作态度、职业精神及其心理状态。高校学生的职业素质具有丰富的内涵，它是高校学生胜任岗位需要、完成特定职责所必备的一切内在条件的综合体。就其结构而言，高校学生的职业素质大致包括政治思想素质、科学人文素质、道德法纪素质、审美情感素质、择业创业素质、劳动技能素质、团体协作素质、创优心理素质等。高校学生应重点掌握从事本专业领域实际工作的基本能力和基本技能，具备良好的职业道德与敬业精神。

因此，高校学生职业素质教育的核心内容，就是培养学生爱岗守岗的敬业精神，增强服务人民、服务社会的思想观念；强化规范与质量意识，树立勤业精业

思想；倡导诚实守信品质，引导奉献社会精神。职业道德素质教育不仅仅是运用一定的价值观念解决道德冲突能力的培养，还是为了给学生提供一个养成自觉遵守工作道德品质的机会，提高日后在职业岗位中解决实际问题的能力。归根到底，高校学生的职业素质教育问题事关生存本领与职业资格问题。因此，高校必须大力进行职业素质教育，一方面要注重职业道德素质课与其他学科课程的教育与渗透，通过职业模拟、项目化教学等方式将职业技能教育与行业、专业职业道德教育紧密地结合起来；另一方面借助校企合作、工学结合的平台，与行业、企业岗位紧密结合，聘请优秀企业家与行业精英为“三全育人”导师，走进校园；引导高校学生积极参与企业文化建设，大力宣传企业的经营理念与市场经济观，加强质量观念、竞争观念、效益观念、纪律观念等企业精神教育；合力进行职业素质教育，提升职业道德认识，坚定职业道德意志，外化职业道德行为，提高学生在未来就业中对企业的适应能力，提高职业道德教育的实效性。

湖南信息职业技术学院的办学优势与特点之一是将职业素质教育与养成、训导相结合。他们将职业素质分为三个层次：第一层次为政治思想素质；第二层次为一般职业素质，如敬业乐业、刻苦耐劳、执着追求、一丝不苟、讲究效率与效益、准确守时、惜守信用、公平公正、遵纪守法、崇尚卓越、团结协作等；第三层次为专门的职业素质，如湖南理工学院计算机网络专业训练综合布线的能力等。第一层次主要通过思想政治理论教育和学生日常思想政治工作这两个途径来培养；后两个层次则主要通过专业教育和对学生的日常管理来养成。如在校内实训时要求学生统一着装、打卡进出实训室、严守实训室规程和规章、严格操作规范，浓郁的现代企业氛围熏陶及结合教学内容进行的职业素质训导等。

（二）加强就业及创业教育，帮助学生解决实际问题

在高等教育大众化不断推进、国际金融危机对我国就业创业的不利影响还没有完全消除的背景下，大学生就业创业形势日趋严峻，困难重重。针对我国现行的“双向选择、自主择业”的劳动就业制度，高校要积极引导学生转变就业观念，树立起“先就业、后择业、再创业”新择业观，帮助学生充分认识我国当前的就

业形势，合理定位自己，正确评估适合自己的职业。进一步完善高校学生就业信息服务系统，帮助学生掌握求职就业的有关知识与技巧，走一条面对现实、降低起点、先融入社会再寻求发展的道路。自主创业给高校学生一个全新的就业思路，提供一个广阔的成才天地和就业空间，加强创业教育指导是时代发展的要求，是高校学生在激烈的市场经济大潮中，求生存、促发展所必须要走的路。《中国青年报》近来公布的一项调查数据显示；79%的被调查大学生有自主创业的意向，然而目前我国真正选择创业的大学生只有0.3%。高校学生具有实用性高技能，对生产、建设、管理、服务过程中的各个环节有所了解，具有自主创业的优势，但是缺乏创业的基本知识与创业教育指导，真正能够实现自主创业的很少。因此，加强高校学生创业前的教育指导、促进高校学生成功创业是高校就业指导的一项重要内容。为此，高校“三全育人”内容体系之中应融入就业与创业教育的内容，使思想道德教育全面融入职业指导工作，引导学生树立正确的择业观、就业观、创业观，养成良好的职业道德，鼓励学生通过自主创业充分发挥积极性、主动性和创造性去谋取自己的职业和自身的发展，提高就业及创业能力。

第三节　新时代高校“三全育人”培养渠道

高校“三全育人”途径是多种多样的，如课堂教育、实习实践活动、人际与文化环境、党政工作与学生群众团体组织、学校与班级“三全育人”管理、辅导咨询、大众传媒等。以往思想政治理论课是高校“三全育人”的主要途径，但是这些课程并不能涵盖高校“三全育人”的全部内容，而且这些课程学科化色彩浓厚。其他学科，诸如“三全育人”活动课、辅导员工作、党团工作、校外基地建设等“三全育人”途径，缺乏整体规划与明确分工，往往流于形式或落空，未能形成有效的“三全育人”合力。因此，调整与创新高校“三全育人”途径体系，需要对校内外“三全育人”资源进行整合拓展，寻求“三全育人”合力，提高应用“三全育人”途径的自觉性和有效性。依据整体构建学校“三全育人”体系的研究与实验课题组提出了构建“三全育人”途径体系的要求，一项内容，多条途径；有主有辅，协调配合；分工合作，形成合力。建立以学校育人为主体、家庭育人为基础、社会育人为依托的立体化“三全育人”网络，形成协调工作，密切配合，全员育人、全程育人、全面育人的“三全育人”工作新格局。

一、发挥思想政治理论课教学的主渠道作用

1999年6月14日，江泽民同志在第三次全国教育工作会议上的讲话中指出：“思想政治教育，在各级各类学校都要摆在重要地位，任何时候都不能放松和削弱。要说素质，思想政治素质是最重要的素质。不断增强学生和群众的爱国主义、集体主义、社会主义思想，是素质教育的灵魂。”

2004年，中共中央、国务院发出了《中共中央、国务院关于进一步加强和改进大学生思想政治教育的意见》（中发〔2004〕16号文件），再次重申了高校思想政治理论课在学生全面素质教育中的重要地位和作用，同时对高校思想政治理论课的改革和创新提出了明确的要求。

2017年9月，中共中央办公厅、国务院办公厅印发《关于深化教育体制机制改革的意见》中指出：“健全全员育人、全过程育人、全方位育人的体制机制，充分发掘各门课程中的德育内涵，加强德育课程、思政课程。”

“高校思想政治理论课肩负着用马克思主义中国化的最新成果武装大学生，推动社会主义核心价值体系建设，帮助大学生正确认识我国国情和改革发展稳定现实问题，促进大学生提高政治鉴别力和增强政治敏锐性，培养高素质人才的重要职责”。思想政治教育是“三全育人”“五要素”的重要内容，是“三全育人”的导向教育，作为上层建筑，是由经济基础决定的。思想政治理论课是对大学生进行思想政治教育的主渠道、主阵地，对大学生世界观、人生观与价值观的形成起着不可替代的重要作用，是培养中国特色社会主义事业合格建设者与可靠接班人的重要保障，也是社会主义大学的本质体现。经济利益多元化的社会，思想政治理论课在理念更新、功能发挥、内容选取和课程改革等方面都遇到了前所未有的挑战。高校“三全育人”途径体系的构建要正视思想政治理论课面临的挑战，以学生成长

成才为目标，以学生实际需要为着眼点，实现思想政治理论课的转型与创新，增强思想政治理论课的吸引力与感染力，提高思想政治教育的针对性与实效性。

（一）更新思想政治教育理念，使思想政治理论课功能更好发挥

高校教育注重职业性、应用性与实践性。如前所述，高校“三全育人”目标与内容体系的调整与创新要体现层次性，思想政治理论课要走出传统一元化和绝对理想主义的束缚，增强现实性与时代感，坚持理想性与现实性、统一性与多样性的统一。充分重视教育对象的主体性，使思想政治教育理念从“人学空场”到“主体间性思维”的转变。从片面突出社会本位转向社会与个人统一，从脱离生活走向生活世界。在遵循上述理念的基础上，注重融合社会性功能与个体性功能、兼顾政治功能与经济功能、规范性功能与发展性功能相统一，意识形态功能与非意识形态功能相协调，实现思想政治教育功能的转变与拓展。如山东商业技术学院“思想道德修养与法律基础”课程组紧紧围绕人才培养目标，提出“心灵上有触动，思想上有觉悟，行动中有体现”的教学理念，将“学会做人”与“学会做事”结合进来，引导学生做到知行合一。

随着学院学分制的实施与完善，纯粹的“三全育人”教育时间会变得越来越少，因此，“三全育人”学科渗透不仅必要，而且是拓展“三全育人”空间所必需的。但从目前来看，对于各专业学科中的“三全育人”渗透功能的探索还远未达到较高的科学性，主要表现为：学科与“三全育人”衔接不畅，多数专业学科教师缺乏“三全育人”自觉性，“三全育人”盲目操作或低效操作；各学科之间“三全育人”缺乏系统性，难以形成学科“三全育人”合力；学科“三全育人”操作方法牵强生硬、单一单调，乃至违背“三全育人”规律。这些问题的存在，不仅造成了“三全育人”资源的巨大浪费，而且影响了学生思想道德素质的提高。因此，我们要以此为鉴，一方面要善于运用各学科的相关内容丰富“三全育人”内涵，增强“三全育人”感染力；另一方面，要善于挖掘其他教学科目和学科中蕴藏的丰富“三全育人”资源，注重“三全育人”在高校各专业学科中的渗透。这对整合“三全育人”教育资源、发挥“三全育人”功能、拓宽高校“三全育人”途径是十分必要的。

（二）合理挖掘学科教学中的“三全育人”资源，拓宽教育领域，提高学科“三全育人”能力，优化教学途径

高校教育主要是通过各专业学科教学活动得以实现的，学科教学在高校教学活动中所占比例最大，它不但是专业知识与技能教学的主要渠道，而且是实施“三全育人”的重要渠道。我们要利用学科优势，敏锐地捕捉其中许多鲜活的职业道德教育素材，开发更为宽泛的教育内容，凡是有利于学生健康成长与综合素质提高的教育内容都应纳入“三全育人”渗透的范畴。在教学目标方面，研究学科与“三全育人”的结合点，实现智育目标与“三全育人”目标的统一，使学生在获得专业知识技能的同时，思想品德素质亦有显性变化与收益。在教学过程方面，形成专门学科逻辑与人格形成、德行养成逻辑的统一，达到德艺相长。在教学内容与载体方面，深入钻研学科教学内容，充分挖掘“三全育人”因素。“三全育人”以学科知识为载体，以学科教学过程为渠道。寓德于学、贴近专业、贴近学生、贴近实际，既保证了专业学科的系统性，同时又提高“三全育人”艺术性与感染力。

（三）整合学科“三全育人”教育资源，注重“三全育人”在高校各专业学科中的渗透

“三全育人”工作者要加强与各学科教学的沟通，将“三全育人”融合在各学科教学之中，注重发挥人文科学和自然科学各门课程的整合作用，使学科教育者明确“三全育人”渗透的共同任务与分科的任务；积极研究学科特点，通过合理组织和巧妙设计，积极创设“三全育人”过程中的学科情境，塑造学科角色，与学生互动完成“三全育人”任务；分解“三全育人”目标与内容，将思想道德内容渗透到学科教学与实习实训之中，弘扬核心政治观与价值观，尤其把爱岗敬业，诚实守信，办事公道，服务‘群众，奉献社会等职业道德内容融合到专业教学中；“三全育人”教学要根据学生专业和未来岗位需要因材施教；把思想政治教育和职业道德教育结合起来，利用学科的优势资源，实现课上与课下、校内与校外的学科“三全育人”实践及产学研结合。生活体验、工学交替等模式无不使实践课程产生了极佳的“三全育人”效果，形成“三全育人”合力，发挥其整体功能。

（四）拓宽视野，积极借鉴国外发达国家大学“三全育人”的跨学科性与综合性

国外发达国家理工科大学注重在政治、思想、道德、法纪、心理等方面开展综合教育，而不是一味地进行专业教育，实现了“三全育人”与专业教育的契合与交融。例如，20世纪70年代末，美国理工科大学兴起的“科学、技术与社会”（STS）教育运动，科罗拉多矿业大学开设核心必修课程“自然与人类价值”，包括诸如全球化问题、研究思想与方法、研究道德与伦理、科学写作与修辞、科学研究心理健康等综合性的跨学科内容，有机地将专业教育与“三全育人”结合在一起。从总体上来看，我国现有的高校以技能类与服务类的理工科专业偏多，这就要求高校的理工科“三全育人”要积极借鉴国外好的经验，进一步加强“三全育人”内容的跨学科性与综合性，积极探索，使“三全育人”真正贴近学生、贴近科技文化、贴近科技实践，提高“三全育人”的有效性。

二、统合学校、家庭、社会、企业的育人资源

《关于整体规划大中小学“三全育人”体系的意见》指出：“构建学校、家庭、社会紧密配合的‘三全育人’网络，使‘三全育人’工作由学校向家庭辐射，向社会延伸。”学校要主动和学生家长及社会各方面加强沟通与合作，使三方教育互为补充、形成合力。“三全育人”途径的实施，需要运用一定的“三全育人”资源，学校、家庭、社会各自有着自身的“三全育人”资源优势。随着社会的进步和教育改革的不断深入，充分挖掘并利用学校、家庭与企业“三全育人”资源，形成“三全育人”合力，必然成为高校“三全育人”途径体系完善的重要趋势。

（一）契合“教育多元主体论”的教育理念，“三全育人”主体应实现多元互动

以往学校作为“三全育人”主体的地位界定明晰，业已达成共识，却与大环境融合不够，力量不足，形成了自我封闭的“三全育人”途径系统，与大“三全育人”氛围难以契合。随着校企合作和工学结合的深度发展，生产育人功能不断完善，需要赋予企业“三全育人”主体资格。除此以外，由于高校生源复杂、来

源广泛，家庭教育也逐步成了实施“三全育人”的主体。确立学校、家庭与企业“三全育人”主体地位，达成“三全育人”共识，是构建立体化高校“三全育人”网络的理论依据与重要原则。

（二）实现学校、家庭、企业“三全育人”过程协调配合

三大“三全育人”主体需要整合，研究对高校学生实施“三全育人”的目标与内容、途径与方法、管理与评价。在认知与理解高校“三全育人”总目标的基础上，三方达成共识，分解为学校、家庭、企业“三全育人”目标，明确各自的“三全育人”任务与内容。通过宣传栏、通讯、广播电视、主题论坛、网站、博客、微博、QQ网络平台等多种形式，开展生动、互动的主题“三全育人”活动。三方及时交流沟通，总结反馈“三全育人”效果。三大“三全育人”主体的协调配合，有时可以针对一项“三全育人”内容，从多个角度进行组合实施，有助于学生对“三全育人”的知、情、意、信、行的结合。这样会使“三全育人”的针对性更强，目的性更明确，做实学校、家庭与企业在“三全育人”观念、学生情况、“三全育人”目标、教育内容、“三全育人”方式、“三全育人”效果方面的沟通，逐步达到“三全育人”的同步协调。

（三）实现学校、家庭和企业“三全育人”资源共享

学校“三全育人”资源的优势主要是通过学校文化、校园活动、教师人格、学科课程等独特的资源来实施“三全育人”；家庭“三全育人”资源的优势在于通过家风建设（如“五好家庭”和“文明家庭”）、“合格家长，合格人才”的“双合格”家庭、感动社会的家庭典型的媒体宣传等资源来实施“三全育人”；企业主要通过规章制度、企业文化、企业精神、岗位职责等资源来实施“三全育人”。针对各自的优势资源，三者可以实现资源共享、优势互补。以学校为主体，家庭和社会为辅助，形成合力，共同完成“三全育人”任务，逐步形成以学校“三全育人”资源为核心、家庭“三全育人”资源为基础、企业“三全育人”资源为依托的、立体化的“三全育人”网络。

当今，伴随着网络“三全育人”的兴起，通过局域网将学校、家庭与企业连

接起来，学生也便于参与其中。这样互通“三全育人”信息，共享“三全育人”资源，使“三全育人”一体化出现新的局面，大大提高“三全育人”的影响力。

第四节　新时代高校“三全育人”教学评价

大学生的思想、政治、法律、品德素质是精神性的、变动性的元素，其一言一行投射出其所思所想。而且其思想道德的形成要历经知、情、意、信、行，由简单到复杂，由量变到质变的循环往复过程，即由认知产生思想、由思想支配行为、由行为改造外界，在此基础上形成新思想、新认识、新行为，进一步改造外界。因此，“三全育人”是系统工程，这就决定了必须构建“三全育人”评价体系。“三全育人”评价是“三全育人”过程一个十分重要的环节，做好“三全育人”评价工作，对于较客观地认识“三全育人”现象与规律，实现“三全育人”过程的优化控制，客观认识大学生真实的思想、政治、品德、个性以及行为面貌，对于“三全育人”效率的提高与“三全育人”效果的增强，都具有重要的意义。

“三全育人”评价体系是由“三全育人”评价对象所包含的一系列“三全育人”评价指标构成的，但由于“三全育人”涉及的范畴既有显性的，也有隐性的，给予一定评价指标量的规定性，其困难是显而易见的。高校“三全育人”评价体系包括对“三全育人”质量的检查、督导与评估，是整合创新高校“三全育人”体系的重要环节。然而，对于“三全育人”体系如何进行评价，仍然是一个难题。现有的高校“三全育人”评价体系缺乏科学性，还不够健全，还存在许多不尽如人意的现状：评价内容片面，只注重对学生政治理论课成绩的评定，缺乏对学生思想发展状况、道德认知与行为能力等方面的综合考查；评价结构有所偏颇，对理论知识考核和日常表现考核比重过大，而对学生思想品德的实践能力考核过少；评价主体单一，“三全育人”评价主体是思想政治理论课教师和辅导员，学生评价缺失；评价目的存在功利性；等等。一直以来“三全育人”对大学生来说好像就是从思想道德修养与法律基础课程到毛泽东思想和中国特色社会主义理论体系概论等必修课程，上大课，听讲座，修学分，应付考试，等课程结束了，学分拿到了，思想品德课就及格了。直到现在，高校仍没有形成检查、督导、评估“三全育人”质量的评价标准，系统、完整的评价体系还未建立起来。因此，按照“整体构建学校‘三全育人’体系的研究与实验”要求，课题组提出了构建“三全育人”评价体系的要求，“三级评价，体系健全；指标体系，科学简明；认真研究评价原则；正确把握评价方法”。因此，我们要建立一套科学规范、简明有效、易于操作的高校“三全育人”评价体系，对整个体系内或子体系内从“三全育人”目标到“三全育人”效果进行评价，优化控制“三全育人”过程，提高“三全育人”效率，增强“三全育人”效果，以真正发挥“三全育人”评价的激励导向和综合教育功能。高校“三全育人”评价体系整合创新的主要内容，要组织多元化的评价主体，丰富立体化的评价内容，拓展多样化的评价形式。

一、主体多元化

“三全育人”活动的评价不能忽视过程环节评价，开展对“三全育人”活动的过程评价，使单个“三全育人”活动的各个环节能够有序展开，多个“三全育人”活动之间能够有机联结，有序协调。传统“三全育人”评价主体单一，往往只有教育者，而忽略受教育者的“三全育人”感受与体验。事实上，评价主体是多元的，不仅教育者是评价的主体，受教育者也是评价的主体。每一个主体既是对他人进行“三全育人”评价的主体，也是进行自我“三全育人”评价的主体。高校人才培养目标需要“三全育人”评价体系有新突破，就必须要以班主任、思想政治理论课教师、学生管理工作人员、企业人员和学生为评价主体，并以此为基础进行定期的联络沟通，针对影响学生思想道德修养的主要环节，包括平时表现、课程成绩、实践能力、心理素质的实际状况建立“三全育人”积分档案，分阶段、分学期对学生的思想表现、交流与沟通能力、日常行为、心理素质等做出评价，毕业时再对学生进行一次综合性评价，并指明其思想道德修养的不足与努力方向。

在对“三全育人”过程环节进行考核评价时，要科学合理地制定综合性的“三全育人”评价体系，多主体、多角度、多层次、多方位地对“三全育人”效果进行评估，这样才能够比较准确地反映出高校“三全育人”的实际效果。健全高校“三全育人”评价体系既是一项系统工程，又是一项非常复杂的工作。“三全育人”评价体系涉及众多因素，它需要学校、社会、家庭、企业等方面的大力支持和配合，也需要有一个循序渐进、不断完善的过程。这个体系包括学校“三全育人”评价、企业“三全育人”评价、班级“三全育人”评价和学生品德评价。在这个体系中，学生品德评价是“三全育人”评价的核心，班级“三全育人”评价是“三全育人”评价的重要内容，学校与企业“三全育人”评价则是全面衡量“三全育人”的重要手段，由此形成一个“三全育人”评价系统。发挥这个系统的功能，是促进学校“三全育人”工作整体优化的根本保证。

二、评价内容丰富化

高校教育的培养目标，是为生产、建设、管理、服务一线培养高素质的技术技能型人才，高校“三全育人”具有职业性、实践性、复杂性与社会性的特点，与此相适应的高校“三全育人”评价的内容理应更加丰富，紧紧围绕“三全育人”目标，体现“三全育人”内容。长久以来，在社会价值观功利化的影响下，一些高校目前还不同程度地存在着重技能、轻“三全育人”的现象，像工厂生产产品一样培养学生，“三全育人”得不到应有的重视，甚至被边缘化，导致部分学生职业道德素养较差。而当今社会，用人单位更多的是从“宽基础、高素质、强能力、广适应”的标准来选人用人，尤其要求从业人员具备较高的职业道德素养。“三全育人”教育有助于提高学生的专业技能，为学生掌握一技之长提供精神动力，更加有效地促进学生进行专业知识的学习和专业技能的训练，消除消极的、不利的因素，为学生的成长成才指明方向。这种精神动力往往是通过情感、意志，包括动机、信念、信仰、习惯、本能等非理性因素，影响着学生的身心发展，调节和控制着学生的心智模式。因此，进一步丰富评价内容，就是要在遵循公民基本道德规范与学生具体行为准则有机结合的基础上，充分考虑这些因素在学校“三全育人”中的作用，将情感、意志纳入评价内容中，制定便于学生遵守的规范要求。

三、评价形式多样化

根据多元智力理论，人的智力包括语言、数理、空间、动觉、节奏、人际以及内省等多种智力，它们是以复杂的方式综合运作，对高校大学生“三全育人”素质的评价不应偏重于某个单项评价结果，而应该采取多样化的评价结果的体系，涉及对学生的“三全育人”课程学习情况以及学生思想、政治、品德的实践情况进行全方位的综合评价。现阶段高校“三全育人”评价形式主要有两种形式：一是“三全育人”课程的考试或考查，直接用分数对学生进行“三全育人”评价；二是班主任（或辅导员）对学生平时的行为规范做出总的评价，用一些近似雷同而枯燥的词语对学生进行“三全育人”评价。以上两种形式，无论是选择一种形式还是两种形式，都难以考量出学生的思想道德水平，各有其偏颇之处，“三全育人”课程的成绩可以衡量出学生掌握道德知识的水平，但是难以考量出学生在情感、意志与行为上的表现。一些高校运用的综合性操行评分，只是根据学生在校期间参加活动次数的多少来下结论，做出操行评价，难以体现出高校校企合作、工学结合的人才培养模式。除此以外，企业对学生的“三全育人”评价往往流于形式，学生自评与互评也难以真正发挥作为评价主体的作用。因此，整合创新高校“三全育人”评价体系，就是要彻底变革形式化的评价形式，积极拓展多样化的评价形式，将“三全育人”评价工作与“三全育人”课程、学校人才教育的各环节有机融合，从而形成过程与结果有机结合、定性评价与定量评价有机结合的多样化的“三全育人”评价形式，实现“三全育人”评价体系真正反映学生德与能的综合素质的目的。

第五章 新时代高校“三全育人”的载体和方法研究

育人工作不是简单的知识传授，其效果必须体现在受教育者的行为上。因此，育人不仅要重视教和学，更要重视习和行，做到“学而时习之”。如果说，在教学活动中学生是对象和客体，那么在“习”中，学生真正成了主体和主角。在这个阶段，高校要重视搭建育人的载体、平台，使学生的练习、应用和实践取得实效。

第一节 新时代高校“三全育人”的载体呈现

“三全育人”是一种培养人、全面提高人的素质的实践活动。而这种活动总是要借助于一定的载体进行。其载体主要包括以下两个方面。

一、实践育人

高校实践育人建设是教育部近年来提出的一项明确要求，是高校“立德树人”过程中应当高度关注的一个战略性问题，是高校全面深化教育改革和提高人才培养质量的一项系统工程。实践活动育人法契合马克思主义的一个基本观点：“生产劳动同智育和体育相结合，它不仅是提高社会生产的一种方法，而且是造就全面发展的人的唯一方法。”

一直以来，我国高校致力于社会主义办学方向，注重理论与实践相结合，通过组织社会实践活动、组织参与重大项目建设、开展假期社会调研活动、参与志愿者服务、鼓励创业等形式，最大限度挖掘大学生的潜力，取得了一定的实效。但也存在一些不足之处，主要是大学生在社会实践中，能否真正接受到来自实践当中的思想政治教育，没有一个具体的衡量标准。在组织校外活动结束后，没有进行总结反思，弥补不足，活动没有形成一个有效的工作制度，加以固化和约束。各有关部门要从战略的高度研究大学生接受社会实践教育的工作制度，对各有关部门支持大学生社会实践活动等工作进行有效的约束，防止大学生社会实践活动教育流于形式。

今后一个时期，充分利用实践活动育人法，将对高校育人工作起到积极的作用。

（一）加强顶层设计，促进育人目标的实施

对社会实践育人活动要从国家层面进行统筹规划，做出制度安排。在目标设计上要分层设计。例如实践育人的总体目标设计，要重点对各地各单位不同参与主体所要承担的责任、任务和所要实现的工作目标进行明确；在具体目标设计上，要重点对各有关单位和行业承担不同内容、不同形式的实践活动以及所要达到的教育效果，提出明确要求。同时还要规范不同主体的参与行为，如政府有关部门如何指导、高校如何主导实施、相关单位和企业如何加强联动、社会机构如何参与配合等；对于不同实践活动的功能要求，如专业实践教学中如何融入思想政治教育、社会实践活动中如何提升专业发展能力等，都要从制度上明确。这样做的好处是，能从制度上促进教师教育教学方法的转变，在专业实践教学中由单向灌输转变为双向互动、在创新创业实践中由理论指导转变为共建共享等。为使实践育人取得实效，顶层设计时还要对工作程序操作进行设计，比如在操作层面上对对象的要求、时间的把握、时空的规定、职责的界定、活动范围的管理、法律责任与评估的考核等进行明确的程序设计，让学生一开始就感受到制度的严肃性和约束性，体验到遵照制度办事的客观存在性。

（二）加强师生互动，推动社会实践育人的健康发展

每一个教师和学生都是一个有思想的个体。既然有思想，每个人也就有自己的不同于别人的想法，如何让教师和学生的想法尽可能的一致，这就要求高校要尽可能满足教师和学生的想法，时时处处体现高校对教师和学生的人文关怀，以此不断发挥教师和学生的参与社会实践育人的积极性、主动性和创造性。首先，

高校要为教师和学生对实践育人活动的组织和参与创造良好的条件。培养学生不能在温室里培养，要把大学生放到社会中去培养，因为理论来源于实践，实践检验理论的真实可靠性。高校要积极探索人才培养模式改革，增加实践教学环节比重，加大思想教育实践活动，把教师和学生的创新创造运用到实践教学中去，在教学中融入思想教育，用德育引导大学生积极参与社会实践、公益服务等社会性实践活动，以充实专业实践教学内容。其次，高校要帮助提升专业教师实践育人的能力。能力的培养需要一个实践的过程，要注重教师间的“传帮带”作用，把好的工作经验及时挖掘整理出来，然后提炼拔高，形成一套切实可行的工作蓝本，并上升到高校的学校文化建设中去，以便更好地关心学生的思想、关注学生的心理、关爱学生的成长。再次，高校要注重提高学生参与实践育人的有效性。高校的主要工作应该是对大学生的教育培养和专业知识的教学和研究。要注重学生和教师间良性互动的研究，通过教师和学生的良性互动，满足学生的个性化需要，提高学生参与社会实践育人的信心与兴趣。

（三）注重高度融合，促进教师和学生共同作用的发挥

高校要促进和实现教师与学生在社会实践育人过程中的融合，充分发挥教师和学生的积极参与作用。首先是做好政策对接。高校要与政府沟通协商，在制度的框架下积极寻求政府的支持，用校企联合发展，鼓励企业和社会制定参与和支持高校实践育人的具体措施，注意协调和加强来自政府部门之间不同层面的政策、措施和办法之间的相互对接，达到最优化。其次是资源的合理利用。高校要开发利用政府、企业和社会中的优质资源。积极聘用校外思想政治辅导员，利用红色教育基地，开展意识形态领域教育，等等。再次是扩大保障。争取政府、企业、社会等对高校的支持，如在学生就业方面，可依托政府、企业、社区已有实体空间，帮助大学生勤工俭学、自主就业、降低就业门槛，让大学生切身体验到来自社会各方面的温暖和爱心。最后是建立评价互促体系。高校要积极组织力量，对整个实践活动的过程及效果进行评估评价，发现问题，及时反馈，堵塞漏洞，进一步促进社会实践活动育人方面制度落实的有效性。

（四）加快协调机制建设，共同促进社会实践育人优势的发挥

高校是社会实践育人的组织者、倡导者和实践者。在国家建立高校社会实践育人工作规划出台后，高校应该积极行动，加强组织领导，研究具体贯彻落实措施，加快各方参与的协调机制建设，畅通信息沟通、管理协同等联动工作机制，共同促进社会实践育人优势的发挥，确保这项工作落到实处。首先是高校内部社会实践育人工作机制联动。明确专门机构做好各项工作的衔接、指导、培训，提高高校内部各个部门参与社会实践育人的执行能力。其次是加强高校外部各有关单位参与大学生社会实践活动机制有效对接。各有关部门应按照社会实践育人工作职责，提高政治站位，建立相应组织机构，加大经费投入，建立和完善社会实践育人工作载体，加强与高校的有效对接，积极主动投入社会实践育人工作中。再次是结合新形势新任务新要求，积极做好合作模式创新。大学生思想政治建设是一个系统工程，不会一蹴而就，需要长期坚持，并根据我国社会形势的发展变化，不断完善和充实教育内容，教育引导大学生紧跟形势发展，积极为我国现代化建设努力工作，自觉抵制影响社会大局的不良现象，为实现中华民族伟大复兴贡献自己的绵薄之力。目前，各高校和各个地方单位积极行动，推动学生公益社会化服务，促进国际化社会实践育人进程，建立研究生培养工作站、博士后流动站，大学生创新创业孵化园，为学生未来就业奠定良好的基础。

（五）实践育人的实现形式

实践育人分为课内实践教学和课外实践教学。以思想政治课为首的课堂内实践育人指发生在课堂上、由学生主导课堂的活动。

1．课堂内实践育人

（1）课堂演讲。

教师根据课程中的重点难点以及学生所关心的热点问题给出主题，指导学生利用课余时间查阅资料、调研调查，并将自己得出的结论在课上宣讲。这种教学方法避免了简单说教，让学生成为课堂的主角，许多原本枯燥难懂的专业问题、理论话题在学生自我研读的过程中，被更好地理解、消化，教学效果比单纯讲授

好得多。

（2）案例分析会。

结合教学内容，将课本中学生有争议、感兴趣的话题进行归纳、整理，交给学生分组讨论，充分调动每个学生的学习积极性。组长带领同学们各抒己见、畅所欲言，形成统一思想，代表本组上台发言。教师在认真听取学生观点的基础上，对讨论的情况进行总结，指出其中的可取之处或不足之处。这样，学生感觉他们的主体地位得到了尊重，会更加积极主动地学习。另外，教师一定要把自己的观点讲出来，并说明这种观点成立的理由，理由必须充分、透彻，这样才有说服力，从而培养学生分析问题、解决问题的能力，增强思想政治教育的实效性，同时强化学生团结协作的意识。

（3）辩论会。

任课教师选定或学生推荐具有典型意义的哲学辩题，组织学生积极参加。全班分成正反两方，各选出四位辩手利用课外时间进行准备，其他同学都可以参加自由辩论，利用一节课的课堂教学时间进行比赛，学习委员做好记录和总结。通过辩论，加强学生对选题的理解，发散学生思维，提高他们的语言表达能力和分析问题能力。

（4）小品表演。

结合课本内容，特别是思想道德修养与法律基础课社会公德、职业道德、家庭美德等内容的具体条款，将学生分成小组，结合自己所见、所闻、所想，找出自己感兴趣的话题，自编、自导、自演小品，寓教于乐，让学生在轻松愉悦的气氛中领悟理论知识，感知社会正义。

（5）电影观后感。

利用课堂或课余时间，组织学生观看反映我国社会主义革命和建设历史的资料片，或者是播放《圆明园》等爱国主义影片及法治录像，或者是反映大学生活、友情与爱情、职业精神与职业道德等的视频资料。然后组织学生分析讨论播放内容，谈自己的切身感受，增进大学生对主流价值观的认同感，增强教学的实效性。

（6）模拟法庭。

任课教师选定主题，进行布置，由班长、学习委员组织本班学生利用课外时间准备典型案例，熟悉相关诉讼程序，推举原告、被告和合议庭成员人选，其余同学为观众，按照预定时间，在班级开展模拟活动；在模拟法庭活动进行中，观众也是评判者，有权根据课堂所学法律知识对模拟活动的内容和程序提出质疑。对大学生进行法治教育，培养大学生法律意识，做知法、懂法、守法的合格大学生。

2. 课程外的实践育人

加强学生“自我管理、自我教育、自我服务”的意识，培养其文明素养，仅仅依靠课内实践是远远不够的，还需要真正走到社会中去开展实践。大学生践行社会主义核心价值观的有效途径之一是青年志愿者服务活动。我国青年志愿服务的核心精神是“奉献、友爱、互助、进步”，体现了我国社会价值观精神。而大学生是志愿者服务活动中的先锋队和生力军，这是由大学生的身份决定的。大学生知识丰富，活力四射，参与到志愿服务中，运用自己的知识能更好地服务社会，通过社会实践活动、奉献爱心，锻炼自我，能够促进大学生价值观的形成。习近平总书记号召广大青年要广泛开展志愿服务，自觉践行社会主义核心价值观，与祖国和人民同行，努力创造精彩人生。这充分表明党和国家已明确把大学生志愿服务作为社会主义核心价值教育和实践的重要工作举措。

让当代大学生通过志愿者服务活动来体现其社会主义核心价值观。从整体上看，大学生的价值观是积极、健康、向上的，他们极为看重自我价值的实现和人际关系的处理，重视自我发展，极大关注人情和个人幸福指数。大学生的这些价值特点是与时俱进的，也是比较感性的。这说明大学生价值取向呈现多样化、实用性发展，社会对大学生价值观评价要逐渐向个体化产生偏移。受现行社会精神和物质生活的影响，大学生在价值观方面出现的矛盾和困惑也明显增多。具体表现在心理急躁、浮躁，以自我为中心，进而出现价值实现功利化、自我化等。这些情况的出现，客观上是受社会大环境的影响，高校、家庭没有及时跟进指导引导造成的，主观上也受大学生所处的年龄段因素影响，他们所处的年龄段决定了他们思考问题的局限，社会经验、知识结构还没有积累到一定的程度，因而出现价值观与外部现实的冲突、价值观体系内的互相矛盾。这些问题都需要我们更加注重对青年学生社会责任感、家国意识、担当意识、爱国意识、奉献精神的培养。

（1）大学生志愿服务应与所学专业相结合。

大学生渴望认知社会的欲望比较强烈，表现在参与青年志愿服务的积极性高涨，但是考虑不尽周全，服务效果受到限制。究其原因是大学生对志愿服务对象所需要的知识技能掌握并不全面，没有经过系统的学习培训。因此，要想解决这一问题，就得结合大学生的自身实际来开展志愿者服务，比较有效的一点就是要紧密结合大学生所学的专业开展志愿者服务，这样不仅能提高志愿者的服务质量和效果，还能更好地促进专业的学习。

（2）大学生志愿服务应与社会实践育人相结合。

志愿服务是一项大学生直接地参与社会实践活动，为大学生接触社会提供了很多的机会，是高校对学生专业实习、社会调查、积累经验等良好的补充。高校应该将志愿服务工作与专业知识相结合，有效加强大学生志愿者的服务技能的培训和对其专业知识学习的培养。通过志愿者服务，体验社会文化，从中有所领悟，促使大学生们积极主动地投入学习，回报社会。同时，高校还要加强对大学生志愿者的技能培训，根据志愿者自身的爱好和需求来安排个性化的培训，使青年学生都可以在这个过程中奉献社会、提升自我，做到文明服务、文明做人、文明做事。

（3）打造青年志愿服务品牌项目。

丰富活动内容，拓展服务功能。青年志愿者可以走出学校大门，寻求社会有益资源的帮助，与政府、媒体、企业、医院等单位联手，开展系列志愿服务活动，如为福利院残障人士开设网店，销售自己制作的手工制品，或者开展系列课程培训，传授系统实用的课程，等等。

以大学生暑期“三下乡”活动为载体，打造品牌效应。将青年志愿服务工作与扶贫攻坚任务有机结合，形成主题团队开展活动。为了能够使青年志愿服务工作向纵深发展，可以建立青年志愿服务工作理论研究、课题研讨和成果转换机制。扩大高校志愿服务的社会影响力，吸引更多的社会公众关注，发挥品牌效应和带动效应。很多学校的二级学院利用自己的专业特色，打造特色服务活动。例如，依托社会工作专业，成立社区志愿服务小分队；依托法律专业，成立法律服务志愿服务小分队；依托心理健康教研室，成立心理健康志愿服务小组；依托学工办，成立三下乡志愿者小分队，分别开展义务普法、关爱儿童、心理疏导、教育扶贫等方面的党员志愿者活动。

高校要把志愿者服务上升到政治高度来理解和把握，对大学生志愿服务项目进行系统分析，进一步优化志愿者服务项目开发，激励各个单位充分发挥自身的优势组织志愿者服务，开辟特色的志愿服务和品牌项目，做到有点有面、点面结合的志愿者服务全覆盖。以郑州信息科技职业学院青年志愿服务为例。该院结合自己的网络信息化的专业优势，依托智慧校园的“云”端数据资源，建立了“路由”志愿服务团队，由传统的“面对面”常规志愿服务转向依托智慧校园基础环境的“一站式”志愿服务，建立志愿“云服务”系统，改变传统、单一的志愿服务活动形式，创新了活动方式、扩展了活动影响面；积极利用本校丰富的电子资源信息库，研发便民网络系统，提供心理咨询、开放教育学习资料、热门影视音乐等免费资源下载服务，为大学生提供了生活便利；以线上线下兼顾的组织形式，扩大基层活动范围，如与河南省社区教育中心结合，开展社区青年志愿服务，开展“爱生活、爱绿色”—美化社区环境主题活动；与本校精准扶贫工作结合，开展义务支教、送文艺下乡活动等。

（4）构建大学生志愿者服务骨干体系。

要积极发挥“领头雁”效应。抓住关键的少数人物，带头开展大学生志愿服务工作。高校应大力发展大学生自治组织活动，建立大学生自治组织活动监督管理机构，加大对大学生各种技能的培训，积极引导大学生在学好自己本职专业的同时，走人社会，服务社会，学思践悟，促进专业水平提升。要重点选拔、培养一批具有较强的领导能力、组织能力和协调能力的大学生，组建一支高效、严密的专业培训队伍，紧密结合高校社会实践教育，加大对大学生的培训，充分扩展志愿者骨干的组织能力和领导能力，通过系统培训，树立积极的志愿活动意识。要建立并实施志愿服务工作考核体系，将志愿服务工作的时效性和创新性作为考察活动效果的重要依据，全程监控志愿服务工作的开展情况和志愿者的活动组织、参与情况，并考察志愿者在系列活动中个人的心理状态和参与积极性。

一是挑选和培养大学生志愿者骨干。通过层层发动，主要通过自荐的形式和联名推荐的形式，发现一批能够自愿加入志愿者服务队伍的坚强队伍。在充分考虑个人意向及实际组织志愿服务能力的基础上，实行适度的差异化培养，帮助志愿者更好更快地熟悉志愿者服务流程。二是强化骨干培养模式的科学性。主要是激发志愿者的内生动力，在此基础上，通过心理辅导，提高对志愿者服务的认识。科学设置培训教程，多采取网络模拟开展情景服务。三是大力开展骨干的传帮带作用。建立大学生志愿者服务之家，定期举办有意义的活动，为志愿者提供全面了解、探讨心路历程和交流知识的平台，激励志愿者探讨志愿服务工作现状及发展方向，广泛积累志愿服务的经验。规范志愿者招募注册、加强志愿者的日常培训管理、建立志愿服务活动记录、健全志愿服务激励机制、完善志愿者规章与制度，进一步规范志愿者行为，促进大学生志愿者健康成长。

二、网络育人

目前，网络深度融入经济社会发展、渗透人民生活。互联网已成为高校思想政治工作的最大变量，思想政治工作过不了网络关，就过不了时代关。许多新情况、新问题因网而生、因网而聚、因网而增，迫切需要我们运用新媒体新技术，推动高校思想政治工作传统优势同信息技术高度融合，使高校思想政治工作联网上线，做强网上正面宣传。习近平总书记指出，“谁赢得了互联网，谁就能赢得青年”，“要运用新媒体新技术使工作活起来，推动思想政治工作传统优势同信息技术高度融合，增强时代感和吸引力”。中共中央、国务院《关于进一步加强和改进大学生思想政治教育的意见》指出，高校思想政治工作要致力于体现时代性，把握好思想政治工作的规律性，以不断地增强其实效性。

大学生是新时代的主力军，同时也是当代思想传播者。互联网信息技术的不断发展为大学生思想教育工作的开展提供了良好的渠道。当前高校一定要高度重视网络思想引导工作，并且不断利用新媒体技术创新教学方法，吸收更多的信息，对网络舆论积极引导，准确把握网络思想的引导方法，进而发挥网络教育的功能。

（一）网络育人的优势

1. 扩大教育内容

传统媒体能提供的教育内容非常有限，互联网出现后情况有了极大的改变，教育者可以随时了解国内外最新动态，选择最新、最有影响力、最有教育意义的例子。人们可以利用网络和更多的人沟通，从而丰富自己的生命和经验。

2. 丰富教育形式

由于受教材、教具和语言表达的限制，传统教育主要以说教的形式存在，在互联网时代，线上的学习教育极大地丰富了教育形式，教育可以不受时间、空间的影响，随时随地进行。如通过微博、微信、QQ等和学生互动，随时掌握学生的学习、生活和思想动态。

3. 增强生动性

从教育创新的角度看，新媒体和新技术增强了教育的生动性。在整个育人过程中，我们运用多种科学技术手段开展网络文化活动，使学生在学习中获得自己的需要，达到文化熏陶和生动教育的效果。例如，利用VR（虚拟现实）/AR（增强现实）技术，将教学内容融入场景中，增强教育的效果。虚拟现实技术是一个具有挑战性的交叉技术和研究领域，它是计算机图形学、多媒体技术、传感技术、网络技术等众多技术的集合。虚拟现实技术主要包括仿真环境、感知、自然技能和传感设备。增强现实是一种将真实世界信息和虚拟世界信息无缝结合起来的新技术。它是真实世界中某个时间空间难以体验的实体信息（视觉信息、声音、味觉、触觉等），通过计算机科学和技术进行仿真和模拟。叠加后，虚拟信息被应用到现实世界中，并被人类感官感知，从而达到超越现实的感官体验。这些技术的应用可以提高学生对学习内容的理解和体验。

（二）网络育人面对的挑战

1. 价值观更加多元化

互联网对大学生的主流思想带来了冲击，人们是信息的制造者，同时也是信息的发信者和收信人。网络信息的传播在一定程度上具有极大的随机性和自由性。在互联网环境下，每个人都是平等的，在虚拟空间中，人们表达的机会是平等的，话语权是平等的。大学生通过微信、微博、QQ等工具对感兴趣的话题发表意见和建议。不可否认，网上的一些消极言论、腐朽思想对大学生思想产生了不同程度的影响。西方价值观对物质利益的追求和竞争意识的强化，更容易导致大学生群体过多地关注物质价值，从而导致精神价值的失衡，助长浮躁心态，不关心国家利益和集体利益，只关注个人利益，导致主流价值观偏失。

2. 影响了教育者的权威

传统的教育主要依靠课堂教学，课堂是学生得到知识最重要的途径之一。教师掌控课堂和知识，学生获得的知识往往是大体相同的。随着多媒体互联网的广泛使用，每个人都有很多途径可以获取知识，知识和信息急剧增长。新媒体和新技术分散了教育者的权威地位。

3. 影响了学生的心理

在互联网的虚拟平台上，大学生可以自由交谈、开通微博和博客等表达自己的意见和建议。他们感到自己和他人的平等。自由思维、开放观念和民主平等意识极大地提高了大学生的自信心，让大学生对探索未知领域和追求理想更有信心。但是，人与人之间交流的形式发生了改变，感情体验也会有所不同。长期生活在虚拟的环境，容易出现精神上的焦躁和抑郁症等心理问题。信息的多元化容易让大学生迷失自我，对色情、暴力、血腥、腐朽的事情感到困惑。

（三）网络育人的原则

网络育人应利用导向性原则。在育人的内容体系中，思想政治教育起着决定性和支配性的作用，决定着教育的方向和性质，影响和制约着教育的其他内容，是教育的核心内容和灵魂。思想政治教育主要是进行政治理想、政治信仰、政治方向、政治立场、政治观点、政治情感、政治方法、政治纪律等方面的教育，重点是解决国家、阶级、社会等问题。当前，我们要充分发挥新媒体和新技术的作用，加强社会主义教育、爱国主义和集体主义教育，帮助学生自觉树立正确的世界观，增强思想政治教育的实效性。

（四）以人为本原则

大学生是中国特色社会主义事业的接班人，是国家的未来和民族的希望。应在教育全过程中把握以人为本的原则。学校要充分利用网络资源的优势，优化虚拟环境，教师可以通过微信、微博、QQ等媒体工具构建网络教学资源库，参与网络讲座，建立师生互动的交流平台；学生可以通过手机收集信息并参与讨论。当他们需要帮助时，会积极寻求教师或顾问的帮助。

高校每个班都有自己的QQ群和微信群，辅导员可以不定期地在群里推送各种主题教育的内容。比如在教师节推送“尊师重教”内容，利用“九一八”纪念日开展爱国主义教育，学生的教育不再受时间和地点的限制。学生实习期间，不在校内依然可以通过QQ群和微信群继续交流，发送学习材料和传递“正能量”的文章，进行主题教育等。

微信公众平台的力量也不容小觑，每条都是经过规划和编排好的，如《大学生必读的十本书》《成功需要一种良好的心态》等，每天阅读，能达到春风化雨、润物无声的效果。

在新媒体的引导和使用方面，学校应坚决抵制消极、虚假、夸张的传播，引导校园文化正能量，使新媒体有效助推校园文化的传播推广，使正能量的传播无处不在。借力于互联网信息技术，弘扬社会主义核心价值观，传递正能量，有效引导学生加强个人修养，提升综合素质，可以加深师生之间、学生之间以及学生与学校之间的情感，在校园里形成既有纪律和秩序又有自由和个性张扬的生动活泼的局面。

第二节　新时代高校“三全育人”的使用方法

“三全育人”方法的运用，是开展“三全育人”的实践环节，是整个“三全育人”的关键。只有恰当运用育人方法，才能取得显著的育人效果。“三全育人”的方法主要有以下几种。

一、分层全员育人法

区别不同对象、细化教育方法，根据大学生的学习专业、年龄结构、不同年级等特点，分层次、分门类、分内容、有梯次、有针对性地进行教育的方法，就是分层全员育人法。这种方法是顺应时代发展需求，在原有传统教育模式下，结合学生需求、职业特点、社会发展来制定具体的教育目标和教育方案，是对中国传统教育方法—因材施教的现实阐释。

（一）做好统筹兼顾，提升教学工作者分层育人的意识

在高校，育人的效果与教育实施者的职业道德以及思想境界有很大的关系，在很大程度上依赖于教育实施者的育人理念。这就要求我们加强对教育实施者的思想教育，提高其对教育理论的认识，教育其发自内心地开展工作，不能出现只“教书”不“育人”的现象，组织好学生的各项工作，从而服务学生、教育学生，最后做到管理学生。以开展各种形式的宣传教育活动为依托，增强管理工作的责任心和责任感。

（二）创建德育环境，形成多方面力量参与对大学生教育的合力

大学生毕竟还没有完全脱离学校，还没有真正地踏入社会。作为学校，要实现“分层全员育人”，就得从三个方面入手。一是教师教书育人，二是行政管理人员管理育人，三是后勤服务人员服务育人。这三个方面是相互影响和相互促进的，若一方出现问题，就有可能影响大学生受教育的效果。高校应结合大学生的实际

情况，首先对高校的教师、行政管理人员、后勤服务人员进行教育培训，提高他们的思想认识，不能与大学生形成“矛盾”关系，彼此应是相互理解、相互信任、相互支持的关系。其次是结合实际制订详细的德育教育计划或者方案，学校提供强有力的保障确保德育教育计划和方案的实施。最后是高校要拓宽教育的途径，善于从学校外部环境入手，利用高校的影响力，在社会上建立起由学生家庭、高校、企业、行政单位、社区等参与的德育教育环境，调动一切积极的因素，加强对即将踏入社会的大学生的德育教育，确保培养出的大学生尽快适应社会环境，运用自己的思想和能力，从不同角度、维度去抵制不良的社会陋习，并影响着周围人的行动，这才是大学生教育培养的最终目的。

（三）因人施教，以思想教育工作深化科学德育

“分层次全员育人”的核心是因人施教。例如，教师在教授专业知识的同时，要在专业学科的教学当中，不仅把专业知识传授给大学生，还要深挖专业知识背后的思想教育资源，开发利用政府、企业和社会中的优质资源。教师在教授过程中表现严谨的工作作风，抓住这一点不断给大学生灌输求真求实的治学作风，用寓教于乐的方式打动学生，并把这种严谨的治学作风不断传承下去。高校教师也要以敏锐的洞察力发掘潜在的教育机遇，主动做到灵活变通、因势利导，不断研发新的管理手段，从而实现分层育人的最终目标。例如对大学生的教育，可根据不同年龄结构、不同年级、不同专业的学生的思想特点，设置教育计划。刚入校的大学生，刚刚由高中转人大学学习，对他们来说，高校的生活都是新鲜的，高校可抓住这一特点，对一年级大学生着重进行爱校、爱集体、互相批评与自我批评教育，相互间增强信任度，上升至道德思想层面，开展多种形式的启蒙思想教育；二年级、三年级大学生专业课繁忙，这时就不能一味地经常抓思想教育，那样学生认为是走形式，占用大量的学习时间，导致思想教育不能人脑人心，这时就得采取因材施教的方法，着重进行立志成才教育、全面发展的素质拓展教育、心理健康教育，树立正确的恋爱观教育；四年级的大学生即将面临就业的选择，心情急躁，高校要突出为学生解决就业难题，开展就业规划教育，引人思想德育，引导学

生建立就业的信心，正确对待就业。只有这样，思想政治教育才能达到最佳效果。

（四）建立全面具体的分层考核评价体系

德育管理工作同其他工作一样，需要建立具有约束力的考评机制，以便监督督促分层次育人工作的开展情况。在建立相关的考评体系时，需要结合育人对象的实际情况，做到考评体系的多元化、渐进性以及动态性，以达到教育分层管理的效果。这样才能有针对性地发现育人环节存在的问题，在此基础上，以调查采访形式采纳具有建设性及发展性的建议制定新的育人机制，以提升分层次育人的班级管理效果。

二、案例教学育人法

现阶段，大学生的主体特征和交往方式都发生了新的变化，他们思想活跃，接收信息的渠道多元，尤其是新媒体平台的应用已成为当代大学生的主要交往媒介。仅仅依靠传统的教育方法势必带不来好的教育效果。这就需要我们必须紧跟时代步伐，创新工作形式，通过案例教学育人法，摆事实、讲道理、长知识，获得良好的育人效果。

所谓案例教学法，是指通过选择相对比较经典的、教育效果良好的案例，为实现教学者教学效果和教学目的而服务，利用案例创设问题情境，引导学生自主分析、讨论案例以提高学生分析、解决实际问题能力的一种开放式教学方法。案例教学法多应用于高校思想政治理论课社会主义核心价值观的教学上，通过设置情境、师生共同探讨问题、演练模拟等环节，达到感化、教育学生的目的。

（一）坚持正确的政治导向，激发学生的政治热情

现阶段，大学生的主体特征和交往方式都发生了新的变化。他们思想活跃，接收信息的渠道多元，尤其是新媒体平台的应用已成为当代大学生的主要交往媒介。如何在这样的社会环境中加强大学生的思想政治教育并取得良好的育人效果是我们关注的重要课题。高校思想政治教育就是实现这一任务的重要载体和手段，其承担了重要的思政育人任务。第一，通过传统的思政教学，加强大学生对马克

思主义基本理论的认识和掌握。用马克思主义、毛泽东思想、邓小平理论、“三个代表”重要思想、科学发展观、习近平新时代中国特色社会主义思想武装学生头脑，帮助他们树立正确的世界观、人生观和价值观。这既是促使学生身心健康成长的必要途径，也是党和国家事业长远发展的需要和根本保证。第二，在加强大学生理论修养的同时，加强大学生的历史使命感和社会责任感。但是，由于思政课受传统教学观念影响深远、教学内容相对理论多、实践少，容易造成教学内容枯燥无味、教学方式单调无趣，达不到良好的教学效果。

案例教学法能够较好地解决上述问题。通过模拟设置情境，解决案例问题，引导受教育者独立思考、寻求解决方案，通过这个过程提高受教育者的思考能力、交往能力、处理问题的能力，同时加强培养学生正确的世界观、人生观和价值观，加强其明辨是非的能力。运用这样的教学方法，就会使思想政治教育课生动起来，加强教师和学生之间的互动，提高学生的参与热情，促使学生主动学习。

（二）全面细致地了解学生需求，提供精准思想帮扶

套用国民经济的需求侧和供给侧理论，在大学生思想政治教育环节中，所谓的需求侧是要通过多种手段摸清学生真正的诉求，而供给侧就是要求我们要尽最大可能给提供学生优质的服务，从学生本位出发，引导他们积极向上、奋发进取。

这就要求我们必须紧跟时代步伐，创新工作形式，有效利用网络、手机等新媒体平台创造性地开展新媒体技术下的大学生思想政治教育工作，强化互联网引导和新媒体意识，通过时刻关注学生的朋友圈、QQ动态等，实现精准的“学生画像”。同时，通过解决学生在学习生活中遇到的实际困难、针对学生在就业实习环节、心理问题、恋爱问题等容易造成学生思想困扰的环节，实现精准的“人生挖掘”。只有通过全面细致的了解，才能为学生提供行之有效的思想引导、教育管理、困难帮扶。

（三）融案例教学于主题丰富、形式多样的各类活动中

为了使学生对案例有一个整体而丰富生动的印象、有一个具体而直观的认识，需要将学生带人生动逼真的教学情境中，以调动学生的学习兴趣和学习积极性，

使学生迅速进入状态，不感到思想政治课枯燥乏味。

案例教学还可以与各类教育活动紧密结合。一是依托纪念“五四”青年节、庆祝“七一”建党、“十一”国庆节等重要活动为契机，把思想教育与主题活动有机结合起来，将政治思想教育、理想教育、“三观”（正确的世界观、价值观和人生观）教育、“三义”（社会主义、集体主义、爱国主义）教育，融入党团知识竞赛、红歌会、诗歌朗诵比赛、文艺会演等活动中，丰富教育形式，获得良好的教育效果。引导广大学生加深对中国特色社会主义的认同，加强学生理想信念教育和社会主义核心价值体系教育。二是充分利用理论社团活动、理论辩论赛、理论征文比赛等理论活动，替代传统单一说教，将会取得意想不到的良好效果。

三、榜样示范育人法

榜样示范教育法，是我国传统教育方法之一。孔子常以尧舜、周公、子产等人为榜样，教育子弟“见贤思齐”；诸葛亮要求晚辈“慕先贤”；朱熹教育弟子学习圣贤。唐太宗李世民说常保此三镜，以防己过：“以铜为镜，可以正衣冠；以古为镜，可以知兴替；以人为镜，可以明得失。”这些话都充分说明了榜样示范的力量。

树立榜样就是为大众树立一个真实可见的道德标杆，是将道德要求的具象化和现实化，是提高个人思想境界和道德要求的标准，利用榜样的力量去教育一个人、激化一个人将获得意想不到的好的效果。同时，根据教育学和心理学的理论，青春期的大学生处于意识形态效仿的高发期，容易受到环境的影响和制约。例如某大学出现的“保研宿舍”“满分宿舍”等，都充分表明榜样示范教育法符合青年学生的心理特征和发展路径。尤其是在当今信息化时代，各种传统的、优秀的道德品质逐渐被湮没、被人忽视，更需要我们采取生动的榜样去影响、感化、教育青年学生。通过这种生动的教育方式，能够把抽象的思想理论、道德准则和行为规范具体化、形象化、人格化，起到特殊的作用，具体表现为“巨大的激励示范作用、很强的自我控制作用、极好的自我调节作用、很好的矫正自我作用”。

第二部分　实践探究与创新

第六章　新时代高校“三全育人”的实践探索与创新发展研究

抓住培养人的根本问题，围绕“立德树人”的中心环节，把思想政治工作贯穿教育教学全过程，是高校思想政治工作在新形势下应当遵循的指导方针与教育理念，是增强高校思想政治工作影响力与实效性的根本保证。德育工作是一项长期性的工作，不仅要覆盖从入校到离校的全过程，还应当根据学生不同成长阶段的需求和特点，采取有效的方式，开展有针对性的育人工作。并且要将育人的效果着眼于学生的一生，将思想政治工作置于学生知、情、意、信、行形成的全程时间序列之中，推动高校思想政治育人工作从短期教育向长期育人转变，促进学生可持续性发展。

大学生的成长是一个不断变化的过程，不同时期不同阶段群体的特点、面临的问题、思想的困惑等也都呈现出很多不同，高校必须更加注重从时间和空间等角度来研究不同时期学生的不同特点，实施不同的教育内容，从而取得最佳的教育效果。根据学生在各个阶段的特点，我们将大学生活分为人学时、在读期、毕业季三个阶段，结合每个阶段学生的特点、存在的问题等因素，提出更有针对性的育人对策，从而更好地实现“三全育人”。

第一节　大学生入学教育

从高中到大学，对每位学生来说，都意味着翻开了人生新的一页。然而，面对陌生的环境和未知的生活，理想与现实的落差，当初的新奇、兴奋、愉快、荣耀逐渐消退，焦虑、受挫、担忧、混乱接踵而来。新生们遇到了自豪感与自卑感交织、新鲜感与怀旧感冲突、独立性与依赖性并存、交往意识与闭锁心理纠缠、强烈的求知欲与知识水平低发生矛盾等一系列问题。面对这种情况，教育者要进行正确引导，使大一新生在人生的重要阶段演绎新的精彩。

一、新生人学时的特点分析

（一）期望值过高引起的失落心理

人是有期望的，个人的成长、社会的进步离不开期望产生的效应。有了希望，就有了对生活的规划。对于通过高考拿到大学录取通知书并顺利进人大学校园的学生来说，他们对大学生活的期望过高，往往把大学想象得很惬意并且过于理想化。这样就导致他们对大学生活的设计过于理想化，对自己的前途估计过高。有的同学觉得大学生活应该是轻松自由的，一入校就存在一种飘飘然的心理。这样的心理主要是对大学生活的现实缺乏详细的了解，且对大学生活的规划准备不足。这直接导致学生进入大学后，发现大学的现实情况与自己的想象不同，有的同学会产生失望、失落和迷茫的心理。

（二）目标缺失

一般来说，能考上大学的学生，高中阶段学习目标相当明确，那就是考上大学。正因为他们目标专一，学习才有动力，更不会觉得苦和累。但一进入大学，很多人有了一种终于可以松口气的想法。这样的学生上了大学后，感到迷茫和无助，不知道来到大学究竟学什么，失去了明确的目标，对读书有什么用、将来能做什么等问题感到茫然。

（三）学习动力不足

大一新生刚刚经过高考的严峻考验，个个怀揣梦想、满心欢喜地进入大学。但是，面对不同于高中的严格管理，大学自由宽松的学习环境，丰富多样的课外活动，自由支配的学习时间，他们不能马上适应。因此，很多大学生出现学习动力不足的问题。

究其原因：第一，近几年高校招生人数不断增加，使更多的高中毕业生进了大学，享受到接受高等教育的权利。这一方面加大了我国高等教育受益人群，但另一方面对于学校来说，生源质量会受到影响，甚至可以说降低高校生源质量，很大一部分教师认为当前大学生学习的热情不如从前的大学生。第二，学生在高中阶段以考上大学为唯一学习目标。进入大学，学习目标就实现了，这时学生就会产生松懈心理，认为大学不需要刻苦学习。第三，现在的大学生大多为独生子女，思想不够成熟，缺乏独立思考的能力，不能很好地规划自己的前途和未来。抱着得过且过、随遇而安的心理，也就缺少了刻苦学习的动力。第四，有些学生认为大学学习环境宽松，每次考试只要及格就好，不要求优秀，他们把学习目标放在了发展个人特长上，认为学习好不是找到好工作的必要条件。第五，经济的快速发展、生活水平的不断提高，导致大部分学生抵制不住各种事物的诱惑，一些自制力差的学生难以集中注意力学习。第六，有些学生不能很快地适应大学宽松自由的学习方法，经常会感到课程进度较快，上课抓不住课程重点，渐渐失去信心，主动放弃学习。第七，当今的大学生从众心理较重，自控能力较差，容易受其他同学的影响，个别学生的坏习惯容易影响部分甚至整个宿舍的同学。

（四）生活上的不适应

进入大学后，失去了父母无微不至的照顾，有的学生因缺乏自主生活能力，一时适应不了大学生活；有的学生花销无规划，经常出现生活费“月光”；有的同学高中时每天奔波在食堂、教室、宿舍之间，面对丰富多样、应接不暇的社团活动和校园组织没办法适应；有的学生因缺乏集体观念，以自我为中心，希望他人照顾和帮助自己，不懂得帮助和谦让他人；还有的学生不适应当地气候、饮食，不适应当地的语言环境以及学校的作息时间；等等。

二、入学时学生思想状况存在的主要问题

（一）多元化的理想信念

当代社会，竞争激烈、节奏较快、社会环境复杂，变化越来越快，这样的社

会环境给大学生带来了非常大的心理压力。经济高速发展，新技术层出不穷，造成了越来越激烈的社会竞争。这就让当代学生面临更大的挑战。信息时代，生活、文化、经济不断多元化，人们的价值观呈现多元化转变。大学生接触到越来越多的新事物，他们的视野不断开阔，面临更多诱惑和考验，但是同时也将更多的机会带给大学生，正所谓挑战与机遇并存。当今大学生面对的是充满诱惑和挑战的花花世界，他们的每一步、每一个计划都充满着不确定性和风险，这就给世界观、人生观、价值观还不太健全的大学生带来了极大的思想冲击。市场经济的快速发展，改变着大学生的行为方式和思维模式，导致了一部分大学生产生错误的心理倾向，享乐主义、拜金主义在大学生中蔓延。

（二）价值取向功利化严重

目前，部分大学新生局限于眼前利益，对价值目标确定过于现实化，过分注重于金钱与名利。如在大学专业选择上，时下被认为是“金饭碗”的建筑工程类、金融类等专业成为新生选择的首要目标，导致目前一些地区该专业人才趋于饱和甚至处于泛滥状态。人学后关注的问题大多倾向于关注本专业就业取向—国企或民企、就业薪酬等功利化问题上。部分新生竞选学生干部、参加各项活动，仅仅是为了获取活动分，利用职位图便利。

三、入学时育人对策

（一）利用新生军训进行思想政治教育

新生入校后比较普遍的心理特点：他们刚刚经历过紧张的高三生活、严峻的高考以及为期三个月的假期，认为进入大学后要不顾一切地玩乐，宽松的环境就是要做自己想做的事情，表现为纪律性差、不服从管理；有些学生首次离家，没有集体生活的概念，不能很好地融入大学生活，表现为失落、焦虑等。因此，需要根据新生入学后的心理特点和具体的身体状况，安排科学合理的军训。在军训的教学内容上，要严格按照《普通高等学校军事课教学大纲》要求，以三大条令为依据，让学生重点接受分队战术、军体拳、队列训练和军事理论教育等科目的训练，培养学生吃苦耐劳、不畏艰难的精神和毅力，提高集体观念，增强体能素质。在军训课程设计上，要注意循序渐进的训练方法，先低强度、后高强度，同时加强对学生的心理引导，发现有问题的学生及时做思想工作。在训练时，树立优秀军训标兵的模范带头作用，努力把工作做透、做细、做深入。军训是大学生人校的第一门课程，旨在增强学生体质、提高学生的纪律观念和集体观念。它与大学教学计划中的其他课程不同，特殊的教学内容和实践教学环境对大学生世界观、人生观、价值观的形成有重要的作用。

（二）开展形式多样的入学教育，提高成效

“人的本质，在其现实性基础上是一切社会关系的总和。”走上社会、服务社会是大学生学习的目标。他们必须经过社会的考验，才能实现个人价值和社会价值，才能成为一个完整的人。一个人的发展取决于和他直接或间接进行交往的其他一切人的发展。教师讲授的只是思想或理论层面的，并不能得到实践的检验。只有通过与人交往，将理论联系实际，思想道德观念和行为习惯才具有社会性。思想道德观念和行为习惯不是生来就有的，也不是通过教师讲授得到的。失败的经历也好，成功的经历也好，这些都是个人的宝贵财富，只有通过不断的努力，反复的实践，才能不断地提升自己的能力。大学中的心理咨询活动、社团活动、各种形式的爱国教育、丰富多彩的文体活动以及社会实践活动等是课堂教学的补充和延伸，是大学生进入社会的必要准备。大学生参与、参加这些活动可以开阔视野、增长知识、锻炼能力。不管是以服务为目的志愿活动、社会实践活动还是轻松快乐的社团活动、文体活动，都要将开拓创新精神、与时俱进精神、爱国主义精神、集体主义精神以及民族精神贯穿其中，要坚持积极向上的态度和正确的方向，让学生在活动或实践中感受自己、理解自己、领悟自己、认识自己，并在与他人的交流、沟通中，提高思想道德素质，锻炼个人综合能力。为帮助新生尽快熟悉大学环境、适应大学生活，学校可以开展形式各异、丰富多彩的人学教育活动。心理健康教育、专业发展讲座、新生联谊舞会、大学生职业生涯规划等活动，让学生在入学时快速适应大学生活，了解大学生活的节奏，确定未来发展的方向。

第二节　大学生在读教育

经过大一阶段的适应后，大学生对学校环境、学习方式、生活方式、交往方式、老师同学都较为熟悉，学习已经慢慢回归应有的状态，此时，就应该对其进行积极引导，使其在思想、心理、学习等方面都得到良好发展。

一、在读期学生特点分析

（一）知识水平较高但素质较低

大学生在同一年龄阶段的人群中属于文化素质较高的群体。但仍有部分学生不讲文明：校园里抽烟，乱丢烟蒂；教室、校园和宿舍乱扔瓜子壳和纸屑，随地吐痰；故意破坏公共财物，在课桌椅子上乱涂乱画；不懂礼貌，不遵守礼节，不尊敬老师，上课迟到、早退、旷课；就餐时随意插队，不排队；偶尔有学生打架、吵架与欺凌同学，偶尔发生偷窃事件；谈恋爱时不注意影响，公共场所男女生行为过于亲密；集体观念淡薄，不喜欢参与班级活动，没有集体荣誉感和责任感；过分追求物质生活，不讲节俭，浪费用水和用电，追求崇拜享乐主义，大吃大喝，互相攀比，购买名牌服装，偶尔酗酒、抽烟；等等。

（二）有强烈的政治热情但缺乏辨别是非的能力

绝大多数在校学生，爱国热情高涨，拥护中国共产党的领导，支持改革开放，他们关心社会时事、国家命运，但是由于自身社会经验和阅历不足，缺乏足够的政治定力和鉴别能力，对于发生在身边的社会事件，难以透过现象看本质，容易孤立地去看待一件事情，最后得出错误的结论，并且由于新媒体的发展速度加快，这种错误的认知往往迅速放大并被进一步传播，从而强化其片面的观点。另外，随着中国综合国力的提升和国际影响力的增强，中国在国际事务中扮演越来越重要的角色，西方国家出于原有的冷战思维，对社会主义中国的意识形态偏见再次加深，意识形态上的对抗逐渐增强。一些国家通过电影、行为艺术、体育等方式向中国传输其价值观念，并且通过一些政治事件的营销和策划抹黑中国共产党，诋毁我国的社会主义价值观。大学生在这过程当中，往往会不自觉地被资本主义的一些腐朽文化所侵蚀，被别有用心的势力利用，给社会和国家造成一定程度的混乱。

（三）有远大理想但过分追求个人价值

学生在校期间，个人的自我奋斗、自我设计意识较强。伴随着改革开放的深入进行，个人在自我价值的实现上获得了更大程度的自由，在选择生活方式、工作节奏上的自主权不断提升，政府通过向社会放权进一步激发了个体的积极性和干事创业的热情。大学生处在从校园迈向社会的过渡期，对未来充满希望和想象，他们渴望自己多年的所学能够帮助自己实现个人的人生抱负。但是，应该注意到的是越来越多的学生在树立自己的人生目标时，存在割裂个人发展和社会进步的倾向。在选择自己的职业目标和前进方向的时候，往往以个人所能获得最大化利益为首要的衡量原则，创业、做网红、当明星成为当前大学生所追求的热门方向，教师、医生、研究者等职业在学生的就业选择中受到冷落。学生在实现个人价值的过程中，未能充分地将对社会的贡献加以考虑，存在追求个人利益最大化的倾向。

（四）对新事物产生好奇心理但心理困惑较多

科技和生产力的进步使得社会环境发生了巨变，这种变化即使对身处象牙塔中的大学生，影响也是无时不在的。面对这些日新月异的变化，很多大学生开始出现无所适从，对社会和校园生活的适应能力开始出现问题，突出表现是其心理承受能力和调节能力较差。如面对日益增加的竞争压力产生精神上的抑郁，经历挫折后造成心理上的过分焦虑、在集体生活中因缺乏有效的沟通技能而产生的紧张的人际关系以及毕业时面对就业选择时的恐慌。这些心理层面的困惑严重影响了学生的行为选择，近年来高校中发生的很多悲剧就是大学生心理健康产生问题后的集中表现。

（五）积极参与竞争但存在投机取巧心理

大学生涉世不深，世界观、人生观、价值观不健全，不能完全把握市场经济的内涵，会不自觉地羡慕不正当竞争获利的人，更会模仿不正当的竞争手段。当今社会，人们生活的各个方面都存在着竞争机制，大学生们有着极强的竞争意识与参与意识，他们一方面表现出青年人特有的积极进取的青春朝气，乐于发挥主观能动性，在竞争中脱颖而出，充分展示大学生奋发向上和不甘落后的精神风貌。另一方面，一些学生则表现得不思进取，认为要“知足者常乐”“平淡为真”，他们集体观念差、纪律意识淡薄，在学习上不下功夫，考试时怀着投机取巧的心理去作弊，在评选个人荣誉时，认为权钱交易能够帮助他们获得评优评先的资格，并以烟酒之礼托人说情，投机取巧。

二、在读期育人存在的主要问题

（一）教育内容不够丰富且相对滞后

课本知识的更新速度远远赶不上网络上的知识更新速度。高校思想政治教育课程教材内容常常就会出现这种情况，高校思想政治教育包含的内容广泛而多样，如人生观、世界观、价值观，马克思主义理论，思想道德等。思想政治教育往往要结合社会实际才能更有实效性，只有与外部社会现实紧密结合，摒弃空洞的理论说教，学生才有兴趣接受相关的教育。但是教材从编写到审核再到出版耗费时间较长，等教师和学生拿到教材，教材的内容相对于社会发展的速度就会滞后，难以体现出最新的政策和理论成果。因此在实际的思想政治教育工作中，如果不能及时关注和掌握最新的动态和理论，就会继续将陈旧的内容教授给学生，这样就造成了教学内容的滞后。

高校思想政治教育的内容主要存在以下不足。

1. 内容倾向政治教育

我国高校思想政治课程与其他专业课程相比，虽然包含一定的人文关怀部分，但内容更倾向于思想政治教育。由于部分教师的误导和学生认识得不全面，更多的学生认为高校思想政治教育是政治引导的活动或者是政治课。思想政治意识形态的传播是高校思想政治教育的主要目的，教师通常会将政治教育作为授课的重点，但由于授课经常是强制灌输式的宣讲，学生缺乏学习的积极性，片面地认为政治课就是思想政治教育，思想政治教育就是政治课；另一方面，大学生刚从高中阶段转换过来，大学时的思想政治教育在内容和形式上与高中时的政治有太多的相似部分，如近现代史、哲学、政治制度等。尤其是文科生，在高中阶段已经系统地学习过，更容易产生错觉，认为大学时期的思想政治教育不过是多此一举。此时，学生对这部分知识缺乏新鲜感，学习动力不足。在当今社会背景下，知识交叉越来越紧密，大学生不仅要接受思想政治教育、接受专业训练，同时将来的工作要求他们具备较强的综合素质，这就要求学生也要学习其他方面的知识，例如社会科学、人文历史等知识。但有些高校思想政治教育工作者讲授的内容却比较单一。

2．内容与学生实际偏离

意识形态属性是思想政治教育的主要属性。大学生需要掌握国家、社会发展等方面的相关理论知识，教师需要将马克思主义基本理论全面系统地教授给学生。但在传授知识的过程中，很多教师不能够设身处地地去了解学生内心的精神世界和真实想法，没能考虑到学生作为成人自身的价值判断、理论建构等能力。教师很少运用马克思主义的相关原理去解释贫富差距、教育公平、贪污腐败等社会现象产生的负面影响，不把思想政治理论与实践结合，弱化了思想政治教育本该取得的现实效果。

大学生需要面临学业、职业选择、处理男女关系等问题，面对这些新鲜的人生课题，处理不当会给学生造成严重的心理层面的问题，严重的甚至引发学生轻生。当前我国高校思想政治教育存在严重的滞后性，往往是出了事才去处置，甚至找各种借口推诿责任。马克思指出：“我们不是从人们所说的、所想象的东西，也不是从只存在于口头上所说的、思考出来的、想象出来的、设想出来的人去理解真正的人。我们的出发点是从事实际活动的人。”心理健康教育是高校思想政治教育中的一个重要环节，思想政治教育需要结合学生的心理，要对学生及时进行疏导和排解，这样可以避免很多悲剧。

（二）方法缺乏创新

教育内容实现的方式和手段关系到高校思想政治教育的成效。

方法恰当就能将思想政治教育落到实处。教师在进行思想政治教育时，尤其要尊重学生的主动性。大学生不同于高中生，一个很关键的特征就是其自主学习能力的提升。教师要改变过去的灌输式授课方式，鼓励学生自主思考，培养学生发现问题、团队协作、相互交流进而自主解决问题的能力。同时，思想政治教育尤其要注重方式，要用“润物细无声”的方式使学生潜移默化地得到教育，这种方式对学生的影响更彻底、更有效。另外，随着互联网技术的发展，新媒体对教学上产生了巨大影响，教师需要与时俱进，善于运用新技术，创新课堂教学方式，改进学生和教师之间的互动效果，提升课堂效率，让互联网技术服务于我国高校的思想政治教育工作。

1．形式单一，过于强调理论讲授

当前高校思想政治教育教师在进行授课时，容易将授课变成单向度的灌输，把知识“念”给学生听，要求学生死记硬背，评价方式就是学生通过期末考试，这种单一的讲授效果很差，容易让学生产生抵触心理，忽视学生的主体地位，缺乏与学生的互动导致课堂效果不佳。

大多数的知识传授始于理论讲解，可以说，理论讲解是授课的核心。小到一个概念的理解，大到一个原理的运用，都需要教师通过理论讲解来实现。当然这并不意味着将理论讲解等同于照本宣科，教师要提高讲解的技巧，要善于用通俗易懂的方式将深奥的知识转化为学生听得懂、愿意听的话语。“学习结束后学生能记住多少知识、能形成怎样的思维习惯，并不取决于他们选修了哪些课程，而取决于这些课程是如何讲授的、讲授的质量如何。”也就是说，讲授也有艺术性。

2．方法形式化，无视大学生的主体性

高校思想政治教育工作者在日常工作中存在偷懒现象，不注重创新，总是借用过去的方法开展思想政治教育工作，忽略了实际教育过程中学生的主体地位和不可控因素，没有灵活地运用和变换教育方法。同时，高校思想政治教育将绝大部分的精力投人道德教化和政治宣贯当中，不注重学生的内心感受和真实需求，造成学生虽然掌握了很多理论和伦理道德规范，但不能理论结合实际，将之转化为实际行动。注重宣贯比较空洞的政治口号式的理论，不了解学生的真实想法，做不到有效地针对大学生的心理状况进行辅导；对学生的谈心谈话流于形式，注重谈心谈话的次数，无法真正地通过谈话掌握学生的思想动态；对学生的关注不够细致，因材施教的教育理念没有得到有效执行，容易让学生对老师产生抵触心理。总之，高校思想政治教育中的形式化降低了大学生学习相关知识的积极性，阻碍了思想政治教育应有的功能发挥。

3．忽视隐性教育的重要性

隐性教育与显性教育相对，是指教育者在施教过程中，有意隐蔽自己的教育目标和教育方式，让受教者通过校园活动、社会实践、团队协作等方式，自己总结和感悟在整个活动当中的经验和教训，以实现教育者想达到的效果。这种方式相比显性教育，学生更容易接受。随着教育水平的提高，很多高校已经意识到隐性教育的重要性，并投入大量人力、财力、物力到隐性教育当中。但是，由于认知水平受限以及高校追求排名，存在急于求成的心态，很多学校将经费投入校园外观建设、实用性学科等能够立竿见影的方向上，思想政治教育的隐性教育因为见效需要一个较长的过程，因而获得投入较少，导致高校思想政治教育方面存在教师团队素质不高、开展教育的方式落后、隐性教育开展的效果不佳。

（三）功利主义的现实挑战

功利主义，“指一些急功近利、不择手段的思想和行为，为了眼前的利益而不顾长远的发展，结果常常导致不良的后果”。当今时代，越来越多的高校开始重视学生的全面发展，学校在学科设置、培养方式上注重提高学生的综合素质。然而，

由于就业率在高校排名中的比重过高，一部分教师和学生将绝大部分精力放在了与就业相关的专业课上，素质教育在实际执行过程中沦为空谈，所有的教学和学习都为毕业后的就业服务，急功近利的心态十分严重。

1．教育目的功利化

设立大学是为了更好地向后人传授人类对未知世界所探索的成果。随着社会事务的复杂化，大学逐渐承担了社会领域中的一些分工，学术与市场产生紧密结合。高校参与到社会分工，对社会发展起到了很大的促进作用。但是应该意识到，高校的首要任务仍然是教学工作，承担着为国家培养人才的重担。相当一部分高校为了快速提升学校的品牌效应，将经费和精力投入工商管理、金融等热门学科的建设上，而人文社会科学等学科的教育资金却捉襟见肘。一部分高校教师热衷于与企业和政府部门打交道，工作重心不是教育学生，导致教师没有将精力放在教研工作上，忽视了对学生的管理。

2．学生选择倾向功利

社会竞争和生活压力的增加反映到对学生的影响上就是学生上大学的终极目标是稳定、高收入的工作，而非求知。高考填报志愿时，学生报志愿的依据不再是自己的兴趣，而是根据薪资高、比较热门的工作来选专业。学生的这种选专业的方式会进一步将这种功利性传递给高校，高校在设置专业和课程上，往往只注重专业技能的培养，对学生个人的全面发展有重要作用的思想政治教育、艺术欣赏等课程却没有得到足够重视，只是象征性地进行设置，没有相关的严格考核。在这种教育模式下，学生的人格难以健全，个人综合素质不高，缺乏对社会的责任感和对国家的使命感。

守住大学这块净土，抵御功利主义的侵袭，要求大学生自觉树立远大理想。高校要通过思想政治教育这一途径帮助学生建立起抵制功利主义的防火墙，让学生树立起科学的世界观和价值观，增强责任意识和道德感，成为促进社会进步的正能量。同时，高校还要注重通识教育的作用，通识教育能够增强学生的人文精神和自身的思辨能力，提升个人的精神气质。通过思想政治教育和通识教育的结合，将大学生培养成具有家国情怀、远大抱负的青年。当然，在强调思想政治教育和通识教育的重要时，不是要求高校走向另一个极端，即放弃对专业教育的重视，应该科学认识二者之间的关系，它们不是相对立的，而是互相促进的关系。因此，平衡好专业教育和素质教育才是未来大学发展的正确方向。

（四）社会变革带来的价值观冲击

马克思主义认为，社会存在决定社会意识。价值观作为社会意识的重要部分，是对社会现实的反映，当社会发生剧烈变革时，一个社会的价值观也会随之产生变化。我国是中国共产党领导的社会主义国家，党和国家大力倡导的社会主义核心价值观是最契合我国当前社会现实的价值观念，整个社会需要时刻坚持社会主义核心价值观，才能保持一个良好有序的社会秩序，维持整个社会系统的正常运转，构建社会主义和谐社会。

改革开放进行了40年，社会变革巨大，阶层的分化带来价值观的多元化，意识形态领域中的冲突不断，有的同社会主义核心价值观严重背离。这给我国高校的思想政治教育带来严峻的挑战。

1．大学生容易被消极、错误的价值观误导，心理不成熟

一个人的价值观产生于其个人的社会实践当中，并对个人的实践起着反作用，积极进步的价值观促进个人发展，落后的价值观则严重阻碍个人的进步。大学生群体涉世未深，经验不足，面对利益诱惑容易迷失自我，面对困难挫折容易气馁，没有科学的人生观、价值观去指引，很容易误入歧途。而在树立健康向上的价值观上，大学通识教育的作用尤其明显。通识教育通过一整套的思想道德价值观来引导学生更好地适应社会生活，关注教育对象的价值观和世界观。大学生很多观念、想法还不够成熟，正处于价值观形成的关键时期，这时，通识教育通过马克思主义的文学、伦理学、哲学等知识帮助学生建构起一套指导自我实践的科学的价值观，对学生坚定社会主义信仰具有重要意义。

2．多元化的价值观

市场经济的快速发展，全球化的进一步融合，人们之间的交流和联系日趋密

切，人们零距离交流更是得益于互联网的发展。世界各地的文化不断的碰撞与融合，为我们带来了多元的价值观念和多种不同的文化，当然包含着好的、坏的价值观念和文化。全球化有利于文化的交流和社会的进步，但为资本主义国家向我国输出价值观提供了便利。大学生的价值观受到具有西方资本主义文化元素的好莱坞大片、肯德基、麦当劳的影响。西方国家通过这些日常生活中的元素来宣传自己的生活观和文化观，进而悄无声息地传播其对国家制度和社会价值方面的观念，潜移默化中影响着我国大学生价值观的选择。

三、在读期育人工作的对策

（一）扩展思想政治教育内容

高校思想政治教育的内容包罗万象，历史、文化、道德、法律等都属于思想政治教育的范围。并且，社会在不断发展，各个学科也在相互交叉相互融合的发展，这就决定了思想政治教育的内容也是不断发展的，要紧跟时代的步伐，拥有灵敏的嗅觉，时刻关注社会热点，及时更新自己的知识储备库，扩大自身涉猎知识的范围。同时借鉴通识教育的相关内容和经验，结合大学生身心发展的规律和思想政治教育的规律，不断地更新和改进教材内容。

第一，要与时俱进，体现时代特点。世界是变化发展的，高校思想政治教育的内容也必须体现出发展变化的特点，高校对马克思主义的传播要结合学科规律和时代变化要求，既要做好经典马克思主义的传授工作，又要善于利用当代马克思主义去解释当今的社会现象。高校的通识教育更要与时代的发展同步调，“坚持一贯性和整体性以实现自由教育的理想的同时又要保持知识的多元性和开放性，以配合今日社会世界的发展趋势”。要紧密结合国内国际大事，适时地对过时的理论做出修补，将最新的、最贴近现实的理论增补进教材，培养学生的自主思考能力和动手解决问题的能力，增强其明辨是非的能力，将学生培养成善于运用马克思主义基本原理分析一切问题的行家里手，扩大马克思主义在新一代学生中的影响力。

第二，加强人文教育，注重人的全面发展。人文社会科学是通识教育课程的重要内容，主要目的是提高学生的综合素质，追求人的全面发展。高校通识教育要与思想政治理论课更加有效地融合，在加强大学生人文素质教育的同时发挥教育作用,“只有用丰富的人文社会科学知识和理论去分析和论证思想政治理论课的教学内容，才会使大学生在理性自觉的层次上认可我们所倡导的主导意识形态，才能理解为什么我们坚持马克思主义的指导地位不动摇，用马克思主义理论去占领高校的思想文化阵地”。高校思想政治教育课与通识理论课在内容上有相同之处，人文知识能够增强思想政治理论教育的趣味性和生动性，学生通过人文知识的学习，更容易理解和接受思想政治理论。如思想政治理论中的马克思主义、政治教育同中国历史文化、传统道德、法治观念有很多是共同的，学生对后者的了解和掌握，更有利于其对思想政治理论的吸收和运用。

第三，结合大学生的实际需求。现代教育理论认为学生是教学过程当中的主体，要注重调动学生的主动性。在思想政治教育中，要重视大学生的需求，针对其实际需求开展教育教学，提升思想政治教育成效。因此，思想政治理论课的内容要结合大学生的实际需求。一是要开展调查研究，精准掌握学生需求。“大学生作为现实社会中客观存在的有自身特殊利益和需求的个体，往往会根据生活现实和自身发展需要来判断和选择思想政治理论课教学内容”。学生需求得到满足，才会有动力去学习，如针对当今大学生普遍关注的就业问题，将就业思想引人政治教育教学内容，能够帮助学生树立正确的就业观，提高学生学习的积极性。二是要掌握大学生的思想特点。青年学生思维比较活跃，乐于接触新生事物，但对新事物容易产生片面认识。因此，要抓住学生的好奇及认识不全面的心理，引导学生讨论社会现象或新鲜事物，增加学习的趣味性。

（二）显性教育与隐性教育相结合

显性教育是指通过课堂授课将主流文化和主流意识传达给学生，是教育的主要形式。隐性教育则与此相反，往往通过让学生参加团队游戏、社会实践、演讲比赛等形式多样的活动，教师并不指明自己的教学目的，而是让学生在活动中接受学习，这种方式正受到越来越多的教师的重视。隐性教育比较隐蔽，可以规避课堂教学带来的厌学心理。让大学生了解掌握马克思主义对指导其生活和工作的重要性，通过学习历史、法律、哲学、伦理学、艺术等知识提高个人的修养和品质，更加坚定他们对马克思主义的虔信。高校思想政治教育课程中有大量的理论知识，教师在进行授课时，对理论知识也基本是单向度的灌输，加上这些知识点与高中的思想政治内容有较大部分的重叠，教师如果不能与时俱进，及时调整课程内容，会让学生产生厌学情绪。为避免产生这种问题，教育者需要熟练地掌握课程的基本原理，结合时事或案例，运用语言文字，利用个人魅力，形象生动地赋予理论以骨肉，让学生产生学习兴趣。与此同时，在进行思想政治教育时，教师要领会到隐性教育的真谛，善于使用隐性教育这一教学方式，隐性教育是把思想政治教育渗透到专业课程和综合课程的教学中，利用微博、微信公众号以及传统传播媒介和校园文化等，将思想政治教育与大学生的日常生活有机结合。

（三）创新思想政治教育的方法

微信、微博等新媒体的发展，给思想政治教育带来了进步的契机，高校思想政治教育要抓住机遇，充分利用新媒体技术，引人现代教学方法，改革传统教学方法，改进和创新思想政治教育方法，变传统的教师主导教学过程、学生被动听课的授课模式为以学生为课堂中心，引导学生主动学习，实现自我教育。学生通识“引导到实际智慧的道路上去，但问题在于什么是最好的教导方式，来引导他和把他带的多远”。用启发式和引导式教学方法，让学生通过探索学习，启发他们的思维和思考问题的方式，逐步实现大学生由被动学习向主动学习的方法。

（四）传承人文精神，应对功利主义挑战

伴随着高校扩招，我国的大学生数量急剧增加，就业压力不断攀升，大学生更加注重提升自身的专业技能以获得一份满意的工作。但理想与现实的差距，学生往往会向现实妥协，甚至有人因急功近利而采用非正当的行为，最终因自己的短视行为损害个人的长远发展。大学生应该如何树立正确的观念，避免短期的功利主义思维呢？

传承人文精神，应对功利主义挑战。校园文化是校园精神的主要特征，是高校的精神支撑，是学校特有的精神环境和文化氛围，引导学生形成正确思想道德行为。例如，学生每日可见的学校建筑、雕塑、格言，会逐步影响学生的行为，长时间的熏陶下学生的思想就会发生很大的改变；关注第二课堂的教育作用，利用各种文体活动、校园文化或社会实践活动等潜移默化地提高学生在文化、道德、审美等方面的修养，提升其综合素质。建设校园文化要着重从以下方面进行。

1. 健康乐观的校园文化氛围

校园文化是精神文化的重要部分，是师生认同的价值理念、道德认识与理想。校园文化代表着高校的文化底蕴和特征，在学生离开学校后，某些东西会慢慢消失，但不会忘记学校的精神文化，这些对学生的精神与意志来说是不能遗忘的。校园文化是高校思想政治教育中发挥作用最长久的文化形式。以马列主义、毛泽东思想、邓小平理论、"三个代表"重要思想、科学发展观和习近平新时代中国特色社会主义思想为指导高校思想政治教育，不仅要传承传统文化，更要与时俱进，进行创新。不断吸收中华民族优秀文化，持续吸取外国文化精髓，探索能被师生双方一致认可的精神，符合学校实际，结合校园元素，形成独有的校园文化，营造积极向上的人文环境。

2. 舒适协调的校园环境

外部环境与个人的心情状况息息相关，学校作为学生最主要的活动范围，对学生身心健康有着深刻的影响，美观、用心设计的校园环境使学生身心愉悦。学校的环境影响着学生的学习，优美的校园环境让学生的心态放松，鉴赏能力得到提升。校园环境是通过外在的建筑、湖泊、雕塑等客观物质和校园历史传统、时代精神等无形文化共同表现出来的，既能显示出一个学校的外在风貌，也能体现出一个学校与众不同的气质。宿舍楼、教学楼、食堂、图书馆等设计合理，布置恰当，校园文化墙、英语角等人文景观的恰当点缀，会使一个校园的精神气质不同于其他学校。同时使用微信公众号、微博、报纸、电视、校园电台、校园广播等媒体，全方位宣传校园文化。为师生营造良好的环境，让校园文化开花结果。

3．丰富多彩的第二课堂

大学的文体活动、社会实践活动、心理咨询活动等是课堂教育的补充与扩展，被称为第二课堂，能够为学生进入社会提供实践机会。大学生参加文体活动、社会实践活动、心理咨询活动可以开阔视野，提升个人综合能力。要积极引导、经常鼓励学生参加实践活动，同时注重培养学生积极向上的价值观和人文精神。将爱国精神、民族精神、创造精神和集体精神融入第二课堂，提升学生实际生活的感悟、体会，并在互动中提高其思想道德素养，提升他们适应社会的能力。

4．科学合理的校园制度

制度是硬性的道德标准，是校园稳定、校园任务达成的重要保证，具有促进道德教育的功用。科学合理的校园制度，能够获得师生一致认可并且师生愿意共同努力维护建立健全学校制度。科学合理的校园制度能够端正师生行为。要结合学生身心发展规律，坚持公正自由准则，制定校园制度。将正确的管理和人文关怀结合起来，广泛征集师生意见，接受师生监督，奖惩公正分明，最终实现师生自我约束、自觉遵守，形成科学合理的校园制度，提升学校治理的科学化水平。

（五）传递核心价值观，应对多元化价值冲击

1．对大学生宣传正能量，树立“四个自信”

在学校教育中，应将核心价值观教育放到重要位置，坚决维护党和国家的大政方针，坚持树立“四个自信”。随着经济全球化和信息化的浪潮，西方国家对我国的思想文化渗透速度加快，面对这样严峻的形势，我们要随时保持警惕，抵制“价值观教育中立论”“意识形态淡化论”等一些错误思想，强化社会主义核心价值观教育体系在学生心中的地位。

2．建立有中国特色的社会主义教育体系，拓展高校思想政治教育的培养目标

我国是社会主义国家，在高校的思想政治教育工作中，要始终坚持社会主义的价值取向。针对大学生的思想政治教育要有明确的目标和方向，即实现其个人的全面发展和社会发展相结合。高校要想培养出政治上合格的人才，就必须坚持在日常的思想政治教育中，自觉发挥马克思主义的引领作用，不仅要对经典马克

思主义活学活用，还要坚持与时俱进，运用习近平新时代中国特色社会主义思想教育学生、鼓舞学生，让其充分认识到自身在社会主义建设中的角色和作用，激发其强大的责任感、使命感、担当感，树立起社会主义接班人的荣誉感和自豪感。在高校中，坚持正确的思想政治教育方向，就是要坚定不移地高举社会主义的旗帜，具体来讲，主要包括四个方面：一是发挥马克思主义在高校思想政治教育的指挥棒作用；二是将把我国建设成为富强、民主、文明、和谐的社会主义现代化国家的共同理想融入思想政治教育中；三是继续大力培育爱国传统和勇于创新的精神；四是广泛弘扬社会主义核心价值观。通过理想信念的教育，让大学生对中国的社会制度、文化底蕴、发展道路和社会价值观保持充分的自信，能够将自己的人生道路和中国民族的伟大复兴有效结合，以个人的全面发展促进社会的和谐发展。思想政治教育能够有效地触及大学生的灵魂，提升其道德感和正义感。在今后的学生教育中，要提高思想认识，重视思想政治教育的作用，改变过去那种只重视技能提升而忽略思想教育的短视方法，认真回顾总结近些年开展的通识教育工作，取其精华，弃其糟粕。吸取以往工作中的经验和教训，完善今后的发展规划，构建出与我国国情相符的科学的教育机制，精准掌握教育规律性，提高教育实效性，让教育与时俱进。

3．将社会主义核心价值观教育融入学生学习生活，不断创新方法

培育和践行社会主义核心价值观是一项灵魂工程，更是一项人心工程。高校应循序渐进、积极探索、健全机制，科学谋划、扎实推进、全面跟进，内化于心、外化于行，知行合一。紧紧围绕“立德树人”的根本任务，综合运用理论、舆论、文化、实践、制度等多种方式，将社会主义核心价值观贯穿于教育教学全过程各环节，使其成为师生的精神追求，转化为师生的自觉行动。积极实践，不断探索，通过微党课、学生讲党课等形式多样的教学方法，推出一系列网络课程，充分利用互联网手段发挥宣传优势，让学生随时了解和学习社会主义核心价值观。

（六）加强高素质的高校思想政治教育队伍建设

教师对学生起着直接的示范作用，一个优秀的教师能够在很大程度上激发学生对知识的探索热情，也能让学生坚定崇高的信念，进而提高学生自主学习的信念。教师良好的行为可以带动学生学习的兴趣，让学生将更多的精力投入学习中。如果教师整体素养比较优秀可以对学生产生较好影响，进而反馈过来，逐步提升教师的品德。因此思想政治教育人员的素质在营造高校良好的学术氛围和提升学生文化素养方面发挥着不可或缺的促进作用，同时在某种程度上影响着学校思想政治教育创新的成效。

1．高校思想政治教育队伍的素质要求

教育工作者首先要有足够扎实的理论基础，同时还要掌握丰富的教育技能，特别是高校思想政治教育工作者，二者更是缺一不可。拥有不断更新的知识储备库，再加上良好的传授技能，才能将思想政治教育工作落到实处。

一是师德即思想道德素质。教师必须自身具备良好的思想道德素质，才能影响学生、引导学生。“其身不正，虽令不从。”如果教师本身道德败坏，是不可能教出思想道德素质比较高的学生的，更不可能引导学生做出符合道德的行为。因此高校思想政治教育工作者应发挥道德榜样的作用，严于律己。

二是知识素质。思想政治教育工作的特殊性决定了思想政治教育者除了要具备本学科领域中的知识理论，还应该涉猎更多其他学科的知识。学生并非生活在真空的环境当中，思想上的问题要通过做思想工作去解决，这就要求思想政治教育工作者要有广泛的人文社科知识。学会通过讲历史、解读时事、批判错误理论等方式做学生的思想教育工作。多读书，勤思考，与时俱进，不断在实践中学习、积累，这样才能保证思想政治教育工作的顺利开展。

三是能力素质。有效开展思想政治教育的必要条件是教师业务能力过硬。思想政治理论课教师的业务能力主要包括沟通艺术、教研水平、同理心、协调能力以及总结反思能力。这些素质既与个人资质有关，更是与一个教师后天的努力和积累密不可分。特别是在新形势下，高校思想政治教育工作者必须善于学习，勤于思考，将自学和单位培训相结合，大力提升自身素质，才能做好高校学生的思想政治工作。

2．高校思想政治教育的队伍建设

方向正确，才能事半功倍。搞好高校教育，首先就是搞好学生的思想教育工作，在这过程当中，思想政治教育工作者的作用至关重要。因此，需要建立优秀的团队。详细来说，一选二培三考。一选就是识别人才的过程，要坚持公开、公正、公平的选择机制，将师风纯、师德高、技能强的优秀同志选拔出来，打造一支精兵强将的思想政治工作团队。二培就是再教育，持续不断地接受教育。当今时代各种学科都在飞速发展，知识更新不断，思想政治教育学科更是如此。唯有不断地保持对知识的敬畏、渴望和尊重，才能使自己的知识库得到充实。要充分利用单位的平台，干中学、学中干；要更多地接触社会，在实践中提升自己的技能。总之，要保持谦卑的心态，不断学习，提升自我。三考，就是要对思想政治教育工作者的队伍进行考核，要建立科学的考评机制，丰富考核的内容，合理地设置考核指标，通过考核激发思想政治教育工作者的积极性，把考核作为进一步识别人才的方式，作为下一步培训的方向，通过考核提高团队的战斗力。

第三节　大学生职前教育

经过三年或四年的学习，大学生面临毕业和就业。他们对未来的工作充满了憧憬和迷茫，如何选择自己未来的工作，成为他们非常关心的问题。高校思想政治教育工作者要根据学生的实际情况和思想动向，着力引导他们提高职业素养，增强他们走向社会、服务社会的能力。

一、毕业季学生特点

（一）情绪不稳定，思想趋于成熟

临近毕业，学生更加关心经济生活、社会政治中的时事热点，比较容易将个人与社会联系起来，把就业与社会需要结合起来，对一些事关自己的问题，如升学问题、入党问题、恋爱问题、就业问题等特别关注，希望获得满意的结果。偶尔处理不好，有的学生就会感到郁闷或迷茫，情绪出现较大波动；有的抱怨社会、抱怨他人，由此造成同学之间出现矛盾；更有甚者可能出现意外。毕业班学生经过大学的实践和锻炼，自我意识更加强烈，对周围的事物有自己的看法，相较于入学时的懵懂，他们的思想趋向成熟。面临毕业的学生难免感觉焦虑不安，不知所措。

（二）学生外出实习，管理难度增大

顶岗实习、毕业实习以及求职的需要，大部分学生离校，自己租房住，学生住房地点分散，无形中增加了学校对其管理的难度。学校要根据学生的特点，采取多种形式、多种方法，确保毕业生的安全，保证他们以良好的精神状态完成学业，引导他们文明安全离校。

（三）就业压力大，学生感到迷茫

随着生活水平的提高，大学生的视野在不断扩展，学生素质在逐步提高，在面对就业及个人前途时，他们考虑问题更加全面，会结合自身情况思考社会其他因素的发展变化。就业指导课程的广泛开展，让大部分毕业生能够自主调整自己的情绪和心态，合理安排自己的学习生活，力争学习、求职两不误。但难免有些学生出现情绪紧张、担忧、焦虑心理。随着社会迅速发展，职业的选择也在不断细化，学生面临的“诱惑”增多，他们在选择工作时会感到恐惧和迷茫。

二、毕业季育人存在的主要问题

(一) 理想信念和道德观念相对淡化但有较强的进取精神和竞争意识

部分毕业生在找工作时存在投机取巧心理，有的毕业生虚填学习成绩，在自荐书上弄虚作假，伪造荣誉证书。这暴露了部分学生诚信意识不强；部分学生毁约和违约现象严重，严重影响了学校声誉，甚至影响到其他学生的就业；更有甚者，为了谋得一个好的工作机会，排挤和攻击他人，自私和利己问题尤其突出。这一方面表明部分学生道德观念淡薄，另一方面表明学生接受挑战、参与竞争的

意识增强，他们为了获得一份理想的工作，奔走在各个招聘市场，不停地在网上投递简历，精心地包装自己，向企业推荐自己。

（二）心理和情绪波动较大，心理承受能力和自制力较差

即将离校、毕业，大部分学生工作确定不下来，对未来充满恐惧，他们觉得现实太骨感。应聘工作竞争压力大，处处碰壁，应聘中的不公平现象频繁发生，让学生感到烦躁、郁闷、无所适从。同时，大学毕业生已经是适婚年龄，家长催促他们结婚、组建家庭的声音也逐渐增强。这些也造成学生较大的心理压力和情绪波动。大学生涉世不深、不能全面认识遇到的各种问题，复杂情况堆在一起，他们不能及时排解自己的心理压力，容易产生各种心理问题，如紧张、失落、怯懦、自卑、焦虑和冷漠等。还有个别毕业生心理承受能力和自制力较差，选择酗酒、通宵打牌以及寻衅滋事等方式发泄心中的不满和郁闷。

（三）注重自我价值实现，但责任意识和纪律观念相对淡化

大多数学生把进人高校学习、接受高等教育作为一种短期投资。大学生渴望通过十多年的刻苦学习，尤其是大学几年的综合素质的提升和知识积累，展示他们的才华，实现个人价值。但部分毕业生忽略社会发展需要和人民利益谈自我实现，过多地强调个人利益，患得患失，仅仅关注自我价值的实现。就业选择时，学生期望值过高，盲目与同学攀比，过分追求一线城市、强调高收入、高福利，不愿意去基层、去国家需要的地方。此外部分毕业生组织纪律观念淡薄，经常逃课，不参与集体活动。

三、毕业季育人的对策

（一）理想信念教育隐性化

理想信念教育要依据理想信念生成规律和学生成长规律，用学生听得懂、听了信的生动语言、朴实话语去讲授，将理想信念资源转化为学生的思想共识、精神信仰、行动智慧，实现从感性认知到理性认同到内心坚信再到自觉践行。要认清各种社会思潮和文化思想对理想信念教育提出的新挑战，把握大学生心态特征

和思想波动规律，敏锐发现党员干部关心、关注的政治、经济、文化、社会、生态文明、党的建设方面热点问题，弄清来龙去脉，认清其阶段性特征，聚合更多的正能量。要注重互动体验式和隐性化教育，充分利用丰富的理想信念教育资源，开发案例教学，科学合理选取理想信念教育的案例，精心设计各个教学环节，增强理想信念教育的针对性。

（二）就业指导与思想教育结合

社会的迅速发展，学生就业环境变得复杂，学校要帮助学生了解社会需求，认清就业形势，重视就业指导工作，认真组织好就业指导课程。更要将学生求职中可能遇到的突出问题贯穿在平时的思想政治教育工作中，让学生做好充分的心理准备。思想政治教育能够提升学生的心理承受能力和随机应变能力，也能够为就业指导工作的顺利开展提供条件。实践证明，就业指导与思想政治教育互相促进、互相融合，相辅相成。思想政治教育是就业指导的中心内容，就业指导为思想政治教育指明方向，就业指导工作与思想政治教育必须紧密结合。

1．坚持大众教育与差异教育结合

大众教育是指针对绝大多数学生在选择就业方面普遍存在的问题进行指导教育，一般采用教师讲授，学生学习。但是，每个人都有自己的特点，各个学生想法存在差异，因此在思想政治教育与就业指导方面不能完全采用大众教育，要针对不同的对象，运用差异教育方法，对学生进行恰当的引导，因材施教。

2．专题教育与常规教育结合

专题教育是侧重社会需求、就业形势和就业政策，注重培养学生职业观念和择业态度。而常规教育是指课堂教学以及实践活动就业教育。学生通过课堂学习或者在参与文体活动、校园活动的过程中提升自己的素质及能力，在未来的就业道路上多一份自信和从容。要将专题教育和常规教育结合，提高学生的就业质量。

3．实践教育与榜样教育结合

实践教育是让学生在参加实践活动过程中发现自己的优势与不足，让学生认识自己，定位自己的未来。利用生活中具有优秀品质和模范行为的案例来教育学生，引导学生思想认识与道德素质，就是榜样教育。榜样教育是传统并且非常有效的教育形式。要将实践教育与榜样教育结合，以生活中的人物和真实的事例进行就业指导中的思想政治教育，提高教育感染力和说服力。

4．家庭、学校、社会教育结合

父母是孩子的第一任老师，家庭是孩子的第一所学校，家庭对孩子成长具有非常重要的作用。学生的发展离不开社会，社会为学生提供就业岗位，为学生提供展示自我的机会。学校作为家庭、社会之间的桥梁，高校教育工作者要保持与家长的联系，加强与用人单位的沟通，三者结合，为学生的发展共同努力。

（三）多种形式的职业道德教育

职业道德教育应当采用多种形式，寓教于乐，吸引更多的学生去学习。例如，举办道德讲堂，选择职业道德主题开展道德讲堂活动。职业道德教育可以充分根据职场需要的技能、职业的特点开展不同形式的教育，以达到培养学生职业道德的目标。

（四）充分利用网络进行心理健康教育

网络对大学生的生活影响越来越深刻，学生心理、行为很大程度上受网络的影响。学生的生活和学习已经离不开网络。高校心理健康教育工作者要适应社会发展，利用网络开展心理健康教育。首先，高校心理健康教育工作者要了解网络传播的规律，掌握网络信息的设计与制作方法，制作适合学生的心理健康教育内容，教会学生辨别不良信息的方法，引导学生接受正确、健康的信息，满足学生的心理健康需要，促进学生心理健康的发展，引导学生形成正确的就业择业观念。例如，学生离校前开展网络平台心理普测，及时掌握学生心理状况；利用微信公众平台推送调节就业心理的方法，积极帮助学生排解就业压力；利用QQ群里的即时聊天工具，了解学生的心理状况，及时疏导学生的不良心理。互联网的发展，不仅拓宽了学生获取信息的渠道，也在一定程度上对高校心理健康教育工作者提出了更高的要求。

（五）利用毕业生离校活动开展情感教育

毕业生面临很多的现实问题，既要租房，又要适应新工作新环境，除此以外，还要面临毕业论文、毕业设计等关乎能否顺利毕业的问题。面对如此大的压力，毕业生的思想难免会出现比较大的波动。这就对高校教育工作者提出这样的要求，如何在如此复杂的情况下做好学生的离校思想教育工作。古人云：“感人心者，莫先乎情”，毕业生离校教育首先要关注学生的情感，将情感教育作为离校教育工作的重点。要全面、整体、客观地把握毕业生的情绪特点，就要进行广泛的调查和深入细致的观察。这样才能准确地认识离校学生的心理特点和行为特点，帮助学生及时调整心理，预防隐患的出现。具体来说，可以从以下几个方面展开情感教育。

第一，作为学生管理者，我们在平常的工作中为了树立威信而不苟言笑，让学生感觉教师没有那么平易近人。作为高校思想教育工作者，树立威信是十分必要的，但这种威信更适合在校生。毕业生离校时，教师应该多关心、关怀毕业生，拉近与学生的距离，让毕业生切实感受到教师真诚的关怀。要不断增强与毕业生的情感交流，主动关怀、关心、关爱学生。如果能直接地叫出每个毕业生名字，记住他们工作的城市以及工作单位，就会触动他们的内心，拉近与他们的距离，有利于师生进行更深一步的沟通和交流。

第二，充分利用电话回访、座谈会、个别谈心、实地走访以及问卷调查等方式关心、关爱、关怀毕业生，了解、掌握、跟踪他们的就业情况，掌握他们的生活、工作、学习、思想状况等，发现问题及时解决，不能解决的，应尽快上报领导，让领导拿出解决办法。通过这些情感交流、情感教育，让毕业生感到学校、老师对他们的关爱之情、挂念之心，进一步建立更加深厚的感情，在师生的情感交流中赢得学生的信任，以情感交流来促进情感教育，进而增进学生对母校的关爱之情。

第三，开展形式多样的毕业离校活动，增进师生之间的情感交流。举办毕业欢送晚会，晚会融入感恩、关爱以及迎接挑战等元素，让毕业生感受到学校对他们的关爱之情；举办食堂送温暖活动，赠送学生学校食堂餐票，让学生记住学校食堂饭菜的味道，感受老师的挂念之心；开展遵守校规校纪主题活动，让学生进一步了解学校制度的要求和规定，严惩违反校规校纪的行为，为学生踏入社会树立遵纪守法的意识；组织毕业生参加“学长学姐对你说”录像活动，将毕业生的学习感悟传递给在校生，增进毕业生与在校生的情感交流；举办还款知识培训，做好离校毕业生中家庭经济困难学生的贷款偿还工作，及时告知有关助学贷款的相关政策规定及还款时间，为家庭困难学生提供帮助；征集毕业生对学校的意见和建议，为学校的未来发展贡献力量，同时也保存毕业生对学校的思念之情；举办就业指导讲座，为毕业生的就业做准备，在遇到突发状况时可以及时解决；最重要的是要对毕业生进行感恩诚信教育，感恩之心让毕业生有责任心，诚信是毕业生未来人生道路上的立身之本，感恩教育也有利于增强毕业生与学校之间的情感，同时也拉近了毕业生与同班同学、与在校生的距离。情感教育，是对学科知识教育之外的思想政治教育的升华，为毕业生留下了美好的大学回忆，也为在校生树立良好的榜样，有利于他们在未来的求职生涯中学会感恩、学会合作诚信，树立健全地发展人格。

第四节　大学生“三下乡”社会实践

大学生“三下乡”是高校在暑期开展的有关科技、文化、政策等内容进农村的实践活动，是高校坚持立德树人，发挥实践育人功效的主要方式，也是高校以学生为中心，促进思想政治工作实效性提升的重要载体。文科院系作为高校教育工作开展的重要支撑，由于其所具备的人文社会科学的特殊性，因而大学生“三下乡”社会实践也区别于普遍意义。笔者根据湖南省高校的相关文科院系进行定性抽样调查，在实践环节中存在育人过程的理论与实践相脱节、育人机制的设计与运行不统一、育人效果的理想与现实有差距的问题，以此进行相应的原因分析，并探索提出增强大学生“三下乡”社会实践思政育人实效性的对策，从而为“三下乡”社会实践注入活力，进而发挥高校思政育人功能。

一、大学生“三下乡”社会实践思政育人

大学生“三下乡”社会实践是高校以科学、文化、卫生为内容，围绕爱国主义、社会主义现代化建设等主题，以大学生为教育主体而开展的实践活动，是培育和践行社会主义核心价值观的重要载体平台，是增强高校思想政治教育实效性的主要实施途径，对当前高校加快“双一流”建设和推进“三全育人”体制机制改革具有重要影响。

自1997年开始，我国就将大学生“三下乡”社会实践引入高校文化生活，迄今已有20多年的历史。而在这一过程中，文科院系大学生“三下乡”社会实践也呈现出形式多样、成果丰富、内容多彩的特点，其意蕴的思政育人功能也得到了较充分的体现。人文社科专业的学生在基层社会的所见、所感、所做直接加深了自身对党情、国情、民情的认识，进而增强社会责任感；从而在爱党、爱国、爱社会主义上形成高度统一，为形成正确的世界观、人生观、价值观奠定了现实基础。在“三下乡”社会实践过程中，大多数文科学生身心得到锻炼，思想得到洗礼，充分“受教育、长才干、做贡献”，取得了良好的实践育人成效。

二、大学生“三下乡”实现“中国梦”

最近，湖南师范大学马克思主义学院的一个调研团来到邵阳隆回县三阁司镇，对精准扶贫进行了为期四天的调查。本次调查的主要任务是通过实地考察和调查了解农村的发展和精准扶贫政策的落实情况，为三阁司镇等地的扶贫工作提出合理化建议。同时，学习运用理论知识进行实践，帮助村民了解扶贫政策。增强脱贫致富信心，切实贯彻党的十九大精神，帮助实现“中国梦”。

第一天，调研团来到三阁司镇中洲村扶贫车间。中洲村支部书记李峰介绍了近年来中洲村扶贫工作坊的运作、农具的使用和扶贫工作。听了介绍后，学生们来到了高效经济作物生产基地。在村干部的领导下，深入田间，实地考察了农作物的生长情况。据报道，中洲村先后出让土地近1 000亩，实施了水肥一体化工程。

通过“支部+合作社+农户”经营模式的建设，不仅可以发展壮大村级集体经济，而且为村民脱贫致富打下坚实的基础。

第二天，学生们先后到扶贫办和中洲村了解了扶贫工作情况。扶贫办主任李志鹏向大家详细介绍了近年来三阁司镇的扶贫工作开展情况以及对未来的工作计划。通过与扶贫办主任的交流，使学生们对扶贫工作开展的认识又有了一个新的高度，同时也了解了三阁司镇如何把精准扶贫与乡村振兴战略进行有效衔接。

下午，通过实地进入中洲村大棚，调研团对大棚内的高效益蔬菜的种植、灌溉、除草、除虫等有了更加详细的了解。

第三天，调研团实地调研了三阁司镇爱心扶贫超市和医养结合项目，工作人员现场向学生们介绍了有关情况。

三阁司镇爱心扶贫超市成立于2017年，每年为建档贫困户提供600元购物额度，贫困户持卡可以按进货价格在超市中购买柴米油盐类等生活日用品，实现按需帮扶、精准帮扶。

三阁思医养结合项目在原敬老院基础上进行打造，新建房屋60间、床位100个，同步与镇卫生院对接，建设护理院，打造集养老、医疗、康复于一体的综合性疗养中心，为贫困户中失能老人提供生活保障。

第四天，调研团分成四个小组，分别深入八个村庄对五十多户贫困家庭进行走访，通过进入贫困户家实地调研他们的家庭生活环境、面对面与贫困户交流，调研团的成员们对三阁司镇精准扶贫工作有了更加全面的认识。

通过为期四天的调查，学生们从各个方面了解了三阁司镇的整体扶贫工作，并亲眼看见了扶贫工作的成果。人民幸福指数不断提高，体现了党和政府战胜贫困、全面建设小康社会，实现共同繁荣的信心和决心。代表团表示，在今后的学习和工作过程中，将利用所学的知识、智慧和能力，向当地贫困家庭宣传国家扶贫政策，了解贫困家庭的实际需求，为您做出贡献。为国家扶贫攻坚事业注入力量。

参 考 文 献

[1] 习近平出席全国教育大会并发表重要讲话[N/OL]．新华网．2018-9-10．[N/OL]．http：//www．gov．cn/xinwen/2018-09/10/content 5320835．htm．

[2] 教育部．中共中央、国务院印发《关于加强和改进新形势下高校思想政治工作的意见》[J]．云南教育（视界时政版），2017（3）：4-5．

[3] 吴玉程．“生涯导航”理念下高校创新创业教育体系的构建、研究与实践[J]．山西高等学校社会科学学报，2018（30）：56-70．

[4] 邵沁妍，李和风．以生涯导航为载体的育人新途径探析[J]．思想理论教育导刊，2014（3）：137-139．

[5] 杜丹玉．高校思想政治工作“三全育人”机制研究[J]．长春师范大学学报（人文社会科学版），2018（3）：171-173．

[6] 齐晓颖．高校实行全员全程全方位育人模式研究[J]．现代交际，2018（17）：1-2．

[7] 郑国军，李国华．以学生为中心建立“三全”育人长效机制探析[J]．赤峰学院学报：自然科学版，2017 33（18）：215-217．

[8] 《教育部办公厅发出通知开展“三全育人”综合改革试点工作的通知》[N/OL]．教育部．2018-5-25．http：//www．moe．gov．cn/srcsite/A12/moe-1407/ s253/201805/t20180528 337433．html．

[9] 杨晓慧．高等教育“三全育人”：理论意蕴、现实难题和解决路径[J]．中国高等教育，2018（18）：4-8．

[10] 贾哲．以学生为本，提升思想政治教育的时效性[J]．佳木斯职业学院学报，2017（7）：179．

[11] 王涛，李琪娜．“三全育人”理念下心理健康教育新模式研究[J]．现代

商贸工业，2018（16）：80.

[12] 杨小旭. 对“立德树人”思想政治教育工作的思考[J]. 新西部：下旬·理论，2017（3）：117-118.

[13] 刘蒙，桑学峰. 高校“全员、全过程、全方位”育人平台与机制建设初探[J]. 神州，2018（36）：66-68.

[14] 王道红. 围绕立德树人中心环节把思想政治工作贯穿教育教学全过程[J]. 山西高等学校社会科学学报，2018，30（2）：79-82.

[15] 王岩，冯爱玲. 高校思想政治“三全育人”模式组成要素解析[J]. 高教学刊，2018（16）169-173.

[16] 习近平. 决胜全面建成小康社会夺取新时代中国特色社会主义伟大胜利—在中国共产党第十九次全国代表大会上的报告[M]. 北京：人民出版社，2017：70.

[17] 习近平. 在文艺工作座谈会上的讲话[EB/OL]. http：//jhsjk. people. cn/article/27699249，2014. 10. 15.

[18] 岳修峰：《普通高等学校“三全育人”研究》，社会科学文献出版社，2018版。

[19] 中共中央宣传部编：《毛泽东　邓小平　江泽民　论思想政治工作》，学习出版社，2000年版。

[20] 顾海良：《高校思想政治理论课程建设研究》，中国人民大学出版社，2016年版。

[22] 林琛：《大学生成长与思想政治教育研究》，教育科学出版社，2013年版。

[23] 顾钰民：《马克思主义理论学科建设和思想政治理论课教学研究》，中国人民大学出版社，2016年版。